义利三百年

中国商人与家族管理

隋广义／主编

青岛出版集团｜青岛出版社

《义言道商：中国商人与家族管理》编辑委员会

序言

　　"义言道商"系列图书竭力打造一套适合企业家阅读的人文读本。本次我们邀请到国内外智库专家以及具备丰富管理经验的青年企业家参与撰稿，深入讨论"中国商人与家族"这一核心议题。当前，中国家族企业迅速发展，但也面临着一系列挑战。通过本书的内容，我们传播"道商"的智慧，探索符合中国本土商业实践的方法论，帮助家族企业解决传承管理问题，延续家族的财富密码，续写家族的荣光。

　　近年来，"道商"逐渐兴起，其内在的文化养分也逐渐被人认可。"道商"是信仰"道"文化，以"道"的精神气质指导自身商业实践的人。道商秉承"道"的思想精髓，运用"道"的行事准绳，以一种智慧的方式走向人生大成。

　　在道商群体中，越来越多的人热爱中国传统文化，普遍信仰《道德经》中传递的理念，涌现出一群以"道商合一，富民强国"为追求的杰出企业家，他们以"道"的精神为指导，注重企业的社会责任和文化价值，成为中国商业发展的重要力量。随着时间的推移，"道商"队伍越来越大，越发枝繁叶茂。

《道德经》第八章告诉我们："居善地，心善渊，与善仁，言善信，正善治，事善能，动善时。"第六十七章告诉我们："我有三宝，持而保之。一曰慈，二曰俭，三曰不敢为天下先。"这些都是道商之"道"。

"道商"在中国经济跨越式发展的过程中不断壮大，助力了中国本土企业的加速成长。他们奉行以"道"兴商，以商阐"道"，不仅以《道德经》的思想经营管理企业，更将"道"的智慧融汇于生活的方方面面，凝练出具有鲜明中国特色、适合中国企业发展的商业智慧。

作为一名儒释道文化的研究爱好者，我希望与全世界各地的管理者和企业家一同分享和探讨蕴含东方传统文化的智慧。我们从中华传统文化的沃土出发，立足中国实践，联结传统智慧与当代需求，以期达成人文精神与管理实践的相映生辉。

我的夙愿就是传播和推广东方古典哲学的智慧，我希望"义言道商"系列丛书可以吸引更多的同"道"中人加入我们的行列，共同为传播中华传统文化的事业添砖加瓦，为世人留下更多宝贵的文化遗产。

隋广义

2023 年 5 月

目录

知行合一

多元见地

开　篇

　　本书邀请中国道教协会会长李光富先生撰稿，从道家思想和"道"应用于商业领域的角度，开启道商研究的探索之路。

"道商"研究意义重大

李光富

商业在现代社会的影响力越来越大,成为推动社会进步和经济发展的重要力量。商业不仅能创造财富,增加社会和家庭福祉,还能推动文明进步。比如,新能源汽车技术、载人航空探测技术、生物科学技术在商业领域的广泛运用为社会进步做出了巨大的贡献,而这背后都离不开企业家的推动。在当今时代,没有人能够否认企业家的作用;在当今时代,也没有人能够忽视企业家的作用。企业家常常屹立在时代的前沿,成为推动社会进步和经济发展的重要力量。他们在时代的舞台上扮演着重要的角色,推动着社会的进步和发展。

企业家的影响力不可忽视,同样,道家思想的影响力也不可忽视。一些卓有成就的企业家将《道德经》作为自己的必读书、常读书、精读书，并将道家思想运用在管理决策和企业治理中。企业家在事业成功时，常常受到道家思想的警醒；在事业陷入困局时，也常常受到道家思想的宽慰。在激烈的市场竞争中，企业家希望能做到游刃有余；在人迹罕至的创新领域，企业家希望能从典籍中得到启发。这些都是道家思想能够为企业家提供资粮的场景。

"道"是什么，这个问题很难有一个标准的答案。《周易·系辞上》云，"百姓日用而不知"，意思是平民百姓每天在用它而不明白。"道"存在于每一个人心中，也存在于各行各业中。天地万物呈现出一种自然而然的倾向，沿着自然而然的道路前进。在企业运营中，也有自然而然的道路。因此，就像有治国之道、治家之道一样，也有治企之道。什么是"道商"？能够把"道"应用到经商实践中，就是"道商"。每个企业家都有可能成为"道商"，运用"道"的智慧，实现企业的可持续发展。因此，"道商"不仅是一种经营理念，更是一种生活态度。

然而，最近几十年来，道家思想在商业领域运用的研究和推广似乎没有跟上时代的脚步。在管理学领域，建立在西方历史文化背景上的西方管理学思想已经被大家所熟知，而道家思想影响下的管理学思想却仍未为人所知。因此，我们需要有识之士，在企业家的管理实践中，总结和提炼企业家对道家思想的运用。我们也需要将一些有智慧、有见地的"道商"企业家推到台前来，让大家认识他们，熟知他们，从而进一步了解"道商"这一群体，支持他们的发展。

未来，我们期待更多的企业家成为"道商"，也期待更多的企业家能将道家思想运用到企业管理中。我们也期待有更多的出版物介绍"道商"，有更多的研究机构总结"道商"经验，发展新的管理哲学和管理思路。只有这样，才能推动"道商"这一群体的发展，为企业的可持续发展做出更大的贡献。

作 者

李光富，中国道教协会会长，中国人民政治协商会议第十一届至第十四届全国委员会委员。

道家入世的态度及方式

陈鼓应

一提起道家，很多人便把它与老庄等同起来。而实际上，在道家这一名称下包含有众多的派别及倾向，仅用老庄是不足以概括的。譬如老子与庄子之间，便有关尹、杨朱、列子，他们的事迹及学说要旨在《庄子》及《吕氏春秋》中都有记载。此外，战国时期声势最大的黄老学派在道家思想中占据着重要的位置。随着马王堆汉墓帛书的出土，越来越多的学者开始关注这一学派的面貌及其在道家思想中的地位。

实际上，在这之前，一些著名学者就曾论及黄老学派，但并没有受到学界的重视。如蒙文通先生早已指出："百家盛于战国，但后来却是黄老独盛，压倒百家。"[①]若再回过头来看看汉

---

① 蒙文通. 古学甄微［M］. 成都：巴蜀书社,1987:276.

朝人的说法，从司马谈到班固都视黄老学派为道家的主流学派。这种情形应引起我们的特别关注。

在现代的学者中，人们非常强调道家思想与隐者的关系，认为隐者是道家的社会基础。隐士固然可以视为道家思想的先驱人物，但我们还要意识到，道家学派或思想是非常复杂的。正如陈荣捷先生所说："（隐士）最多不过反映道家思想的一个角度，而这个角度又不是最重要的。"①实际上，过分强调道家思想与隐者的关系，往往会给人留下道家消极出世的印象，这是人们对老庄思想发生误解的一个重要原因。

道家内部的众多学说大体上可以分为老学、庄学与黄老学三个派别。它们入世的角度及深度虽有异，但同样把目光投向了变迁中的社会。本文接下来将以上述三派的区别为基础，或分或合地进行讨论。

道家三派所关注的范围，不外乎治身及治国两方面。治身及治国并提，较早见于作为黄老学文献的《吕氏春秋·审分》："治身与治国，一理之术也。"这句话以治身与治国为一个道理。这两个方面其实就相当于《庄子·天下》中所说的"内圣外王"，同时也是道家入世的两种主要方式。老学、庄学与黄老学都涉及这两个方面，但侧重点有所不同。兹分别介绍于下：

---

① 陈荣捷.中国哲学论集[M].台北："中研院"中国文哲研究所,1994:168.

◆老子的治身与治国

老子之学继承了史官的文化传统，推天道以明人事，故提出"道"的学说，以为其入世的依据。史官因其特殊的职业背景，对于社会政治有浓厚的兴趣，所以老子思想主要关心的是

◆ 江苏苏州穹窿山上真观

治道。我们熟悉的"自然无为"等观念主要是作为社会政治原则而提出的。但由于政治的关键在侯王、国君，因此这些原则可行与否，又与侯王个人的品质有密切关系。故治国亦须以修身为依据。《道德经》第五十四章说：

> 修之于身，其德乃真；修之于家，其德乃余；修之于乡，其德乃长；修之于国，其德乃丰；修之于天下，其德乃普。
>
> 故以身观身，以家观家，以乡观乡，以国观国，以天下观天下，吾何以知天下然哉？以此。

这里由身推到家、乡、国、天下，老子"内圣外王"的思路表现于此。其修身的具体方法是通过一定的步骤复归到"朴德不散"的状态。这个步骤可从三方面讲：一是"天门开阖，能为雌乎"（《道德经》第十章），使感官活动不过分外驰；二是"涤除玄览"，即"虚其心"，以使内心达于清明之境；三是"专气致柔"，以使人达到"精、和之至"的婴儿状态，保持"常德不离"。经过这样的修持，君主便可实践老子所提出的那些政治原则，即"唯道是从"。

老子治国及治身的方法，其特异处是在"以退为进"或"损之而益"。其理论基础则是对道的运动（"反"）及作用（"弱"）

◆冬日里雪后的武当山紫霄宫

的理解，其实质则是长期历史经验的总结。在老子的"以退为进"或"损之而益"中，"退"或"损"只是一种方式，"进"或"益"才是要达到的目的。我们不能因老子强调了"退"或"损"的方面，便得出其思想消极、倒退的结论。

◆庄子的"内圣外王"

《庄子》一书由内篇、外篇和杂篇三个部分组成，一般学者

都承认，内七篇是我们研究庄子思想的主要材料。与老子相比，庄子明显把注意力主要放在了治身即"内圣"方面。他的治身主要表现为对个人生命的关注。由于特殊的时代背景，他被迫采取"外其形骸"的主要养神、养心的选择，所以他提出"心斋""坐忘"等以为其逍遥游世的内在依据。

"内圣外王"一词最早见于《庄子·天下》，是作为一种理想的道术形态而被提出的。《天下》所昭示的"内圣外王"的理想是十分独特的，它怀抱着"育万物，和天下，泽及百姓"的社会意识，又具有"配神明，醇天地"的宇宙精神。虽然《天下》非庄子所自作，但"内圣外王"是庄子本人的学术理想。《逍遥游》中鲲鹏寓言所表达的"远举"之志，《外物》中任公子钓大鱼寓言所表达的"经世"之志，可以见出庄子未尝没有济世的抱负。他只是囿于世道的黑暗，无法实行。因此，庄子才对治平之事表现出不关心甚至鄙视的态度。在《应帝王》中不得已提到"治道"时，庄子只是说"顺物自然而无容私焉，而天下治矣"。但是，对"外王"方面的不甚重视并不表示庄子缺乏对社会的关怀与社会责任感。他对乱世之中个人命运的关怀恰恰是许多士人所忽视的。

◆ **黄老学的"心治"与"国治"**

黄老学作为战国时期的显学，产生于战国时期，其代表作便是马王堆汉墓出土的帛书《黄帝四经》。此后，许多人学习黄老学，如司马迁在《史记·孟子荀卿列传第十四》中提到的田骈、环渊、慎到、接子等。他们都是齐国稷下学宫中的稷下先生。因他们的学说大都阐发黄老思想，故黄老学在稷下得到了迅速的发展，稷下也就成为一个以黄老道家思想为主导的学术中心。形成于稷下的《管子》一书中有大量的篇章，如《内业》《心术》《白心》，以及《形势》《宙合》《枢言》《水地》《势》《正》等，均属于黄老学著作（其中以我们现在习称的《管子》四篇即《内业》《白心》及《心术》（上、下）最为重要）。

在道家三派中，把治身与治国结合得最为紧密且对后世政治有着实际影响的是黄老学派，特别是稷下道家。在《黄帝四经》中，虽然格外强调了治国的方面，却很少涉及治身方面。稷下道家则不然。《心术下》说："心安是国安也，心治是国治也。"心安、心治是治身、内圣，国安、国治是治国、外王，二者究其实乃是一体、一理。当然，因身与国其事不同，治身与治国的具体方法也各异。就治身而言，《内业》提出了"精气说"以为依据，认为精气是人生命力及智慧的基础或来源。它说：

> 精存自生，其外安荣，内藏以为泉原，浩然和平，以为气渊。渊之不涸，四体乃固；泉之不竭，九窍遂通。乃能穷天地，被四海。

因此，人首要的目标便是护养住精气，其具体方法是"内静"而"外敬"。"内静"是指人心保持虚静状态，《内业》说"修心静音，道乃可得"，其中的"道"即指精气。"外敬"则指人之形体动作要端正，"形不正，德不来"。《内业》曾描述了人做到"内静外敬"之后的效果：

人能正静，皮肤裕宽，耳目聪明，筋信而骨强。乃能戴大圜，而履大方，鉴于大清，视于大明。敬慎无忒，日新其德，遍知天下，穷于四极。

在治国方面，稷下道家同样要求君主保持虚静的心态，而因任物之自然，所以提出了所谓"静因之道"。《心术上》说："因也者，舍己而以物为法者也。感而后应 …… 缘理而动。"要求君主去除己意，完全依物理而动。物有形有名，圣君因之而立法，如此"名正法备，则圣人无事"。

以上所述表明，道家三派在春秋战国时期社会大变动中，都以入世的精神关注着社会生活的不同方面。它们提出具体的办法，以求在社会变革中发挥积极的作用。

作 者

陈鼓应，享誉国际的道家文化学者，1956 年至 1963 年就读于台湾大学哲学系及哲学研究所，师从著名哲学家方东美、殷海光；毕业后，先后执教于台湾大学、美国加州大学伯克利分校、北京大学等，2010 年起受聘为北京大学人文讲席教授。他撰写的《老子注译及评介》《庄子今注今译》已行销几十载，是人们研习老庄的经典读本。

专题聚焦

　　本栏目中，戴明朝教授从商业文明和文化的角度，研究中国家族企业现代化发展面临的问题及解决之道，从道与术的层面讲述如何将商业思想落地。程方平教授溯源历史，深入分析古代世族的教育传承特色和书院开办的意义。三峰先生从"家和""积德"的角度，讲述家族传承财富的奥秘。熊辉教授形象地将道商的处世精神与杆秤联系起来，阐述了道商的德行原则。朱建安教授从历朝历代中国家族规模和结构演变的角度，阐述了家庭建设对践行家国责任的重要影响。

中国商人及其家族新征程

——现代化挑战及其文化重建

戴明朝

分配制度是企业家思想的试金石。

—— 题记

◆写在前面：中国商人家族迟到的现代化补考

在全球已知的各大古文明中，中华文明的商业传统起源很早，而且商业文明是早熟务实的中华文明中相当重要的底色。中华文明之初，夏、商、周三代文明中的商文明，被视作中国商业文明的滥觞。

史载，早在夏代，商部落的第七任国君王亥就以"肇牵车牛，远服贾用"，被誉为中国商业的始祖；到了商代，小屯殷墟文化已经高度发达。与此相辉映的是，当时的商业活动已经从中原地区扩展到沿海一带，范围从东海之滨到了南海之遥，最远的甚至已经到达今日马来半岛等东南亚沿海地区。而到周代之际，商人更加活跃且社会地位突出，商贾的地位与业务范畴已经被明确规范，即所谓"庶人、工、商各守其业以共其上"。春秋战国之际，商人的地位一度变得崇高，甚至连当时的诸侯、国君都要对商人中的佼佼者进行结交和依赖。孔子周游列国，经过多次仓皇奔走仍能卓然坚守；孔子殁后，孔门之学布扬于天下。一个被长久忽略的经济事实是，子贡的长期资助在这当中功不可没。不过，以上认识既是碎片化的，也是边缘化的。

真正以考古为依据，从理论上有力地揭示早期中国商业文明与中华文明的同构奥秘，乃是 20 世纪 80 年代的事 —— 前辈学人张光直先生的英文著作《商文明》对全球古文明研究产生了巨大的冲击。

结合对商代社会的考古发掘，张先生首次系统地阐述了他的文明决定论：贫富分化、城市化和国家关系，才是构成文明识别的核心要素。张先生进一步指出，文明只有在社会拥有大量剩余财富的情况下才能发生；而剩余财富的产生，并非仅仅是技术进步带来的生产力变革的自然结果，更是"社会资源和财富重新分配的结果"。

至此，我们不仅重新发现了商代文明的奥秘，而且重新发现了商文明与中国商业文明、中国商业文明与中华文明之间的高度同构关系。

总之,在诸古文明中,中国的商业文明自商代起就已经高度发达,甚至在那时候,商人就已经独立为一个社会阶层。当然,周公改制之后,这一先发的历史端倪被彻底中断。

此后,随着君权天授、耕战并举、亲地重农成为中华文明的核心主题,商人阶层的文化逐渐边缘化,功能逐渐潜隐化。"士农工商"不仅成了自然经济分工下的基本社会结构,也成了文化意识形态的基本伦理结构 —— 商人处在了社会核心结构的最边缘。即使很早就有所谓"工商皆本"的不同声音,但这一基本结构一直到20世纪初的辛亥革命后才被打破。

真正发生彻底质变的时间,则要从1992年算起。这一年的春天,邓小平发表了深刻改变我国历史进程的南方谈话,掀起了改革开放的真正高潮。这一年的秋天,中国共产党第十四次全国代表大会在北京召开,明确我国经济体制改革的目标是建立社会主义市场经济体制。

从此,中国商人的身份地位有了显著提高。从那时候起,"无商不奸""无奸不商"这两个对商人进行戏谑贬斥的刻板词汇,逐渐被"企业家"这个相当"现代化"的外来词所取代。

三十多年来,中国民企挤进并走稳了全球化与现代化的大道,并在一步步洗脱污泥浊水中建功立业,成了令人欣羡、受人尊重的社会力量。但硬币的另一面是，商人群体自身的精神现代化和组织（家庭与企业）现代化明显滞后。

究其原因，从主体维度来看，一方面脱胎于重农抑商的深厚历史文化传统，一方面臣服于乃至自惭形秽于想象的西方商业伦理，中国商人既没有得到足够的文化心理支援，也没有形成足够的自立思想。中国商人的精神独立与主体觉醒进展有限。从客观环境来看，一方面要在政策舆论的急剧调整中寻找生存空间，一方面要在崭新的技术迭代中跟上全球步伐，中国商人一路走得跌跌撞撞、慌慌张张，导致中国商业组织尤其是民营商业组织自身的现代化步履蹒跚。

2019 年，中国共产党第十九届中央委员会第四次全体会议又将新的现代化命题（继农业、工业、科技与国防现代化之后）国家治理体系与治理能力的现代化，提上了中国特色社会主义建设的议事日程。

令人深感遗憾的是，这一影响深远的改革大事，在广大民营企业中没有立刻掀起很大波澜。绝大多数民营企业在疫情大考中深陷生存危机，难以顾及如此重要命题对自身长期发展、永续生存的根本意义。世界飞速发展变化，面对可能到来的风高浪急甚至惊涛骇浪的大考，以组织的确定性、规则的确定性、机制的确定性来面对外部的不确定性，是民营企业的唯一选择。

民营企业是推进中国式现代化的生力军，因此，民营企业的现代化这一课必须补上。这既是民营企业自身生存发展的关键，也是国家宏观战略的要求。

◆中国家族企业的现代化挑战：有效化解三大难题

民营企业怎样实现组织现代化，这是一个千头万绪的大问题。但究其根本，有效化解以下三大难题，是推动民企现代化的重要抓手。

1. 填补一个空白：董事长的职责

多年来，笔者在多个平台有缘接触了一批民营企业创始人。与他们深度交流后，笔者有一个突出印象：绝大多数的民营企业家，无论其组织身份或对外头衔如何，其核心职能仍然是总经理的岗位职能，真正制度性履行董事长岗位职责者寥寥无几。甚至不少已经年过 70 岁的第一批创业者，即使名义上已经退休了，但依然扮演着总经理的角色。

按照现代企业通行规则，董事长是管关键、管方向、管长远的，他的三大关键职能方向是：文化、战略与组织。董事长必须高度关注企业文化即愿景、使命、价值观的制定、落地与修订，必须亲自负责企业长期战略的制定与优化，必须领衔做好组织建设，尤其是根本制度、关键机制的确立。而总经理或总裁是抓落实的，即在董事长、董事会授权指导下，对企业的经营目标负总责。

但民营企业创业维艰，在创业之初一人分饰多角是中国民企管理者的普遍状态；加上中国民营企业起步晚、成长快、接班难，导致大多数民营企业董事长兼任总裁（总经理）成为常态。这就导致大部分民营企业中董事长与总经理的职责分工极其含混。与此同时，经营环境的复杂、外部变化的迅速，加上规范化管理教育的缺失，无论是董事长兼总裁还是专门的总裁，民企负责人始终扮演着经营者角色。甚至董事长干总经理的活、总经理干副总的活、副总干部门经理的活，成为中国民营企业的普遍生态。

董事长职能的缺失，导致绝大多数民营企业中企业文化、战略规划与组织架构严重缺位，这种现象在我国的普遍程度是惊人的。一个直观的衡量标准是，在大多数民营企业中随机挑选一位中层或高管，让他说清楚企业的企业文化、战略规划与组织架构及其背后逻辑，能说出来的人凤毛麟角。

笔者在对上百家不同性质的民企进行调研走访的过程中发现，绝大多数企业创始人只对企业的财务指标津津乐道或忧心忡忡。即便部分人能够说清楚企业文化、战略规划与组织架构的基本内涵，可一旦追问起背后的逻辑，则大都语焉不详。有一个非常经典的案例足以说明这一问题。笔者与重庆一位知名企业家交流时问及企业文化，他脱口而出："这事我顾不上，你跟我们办公室主任联系。"

在经济总量与发展质量大大提升的新时代，董事长职责的缺失会让民营企业家的生存状况与发展信心总体恶化。

科学合理的解释是，大多数民营企业只是一个升级版的作坊，这个作坊往往四面漏风，远不是一个可以抵抗大风大浪的现代组织。在宏观环境顺风顺水时，组织只顾发展，很多问题会被掩盖，而一旦组织遇到大风大浪和环境突变，原本的千疮百孔便会立刻现形。由于组织现代化的严重缺陷，民营企业家被迫集体扮演"救火员"的角色。

2008年全球金融危机和2020年全球新冠疫情的两场世纪大考，是百年未遇的大变局。这一过程如过山车般剧烈与迅猛，使得绝大多数民营企业家扮演的核心角色因为组织缺陷而严重扭曲。"救火员"成为他们日常扮演的最主要角色。

这种状况总体上已经不可持续，而且外部环境还处于树欲静而风不止的状态，这不仅会为企业自身的发展带来潜在的风险，也将对整个国家的宏观经济形成巨大压力。

所以，推动民企的现代化必须从填补好民企董事长的角色空缺开始，把企业家从"救火员"变成组织的"定盘星"。

2. 化解二维背离：被热捧的家族宪法与被冷藏的公司章程

在对中国民营企业进行研究与咨询的过程中，可以发现一个非常有趣的现象，学界高度肯定甚至热捧所谓的"家族宪法"。香港著名企业李锦记的家族宪法一度成为中国家族企业咨询界的标杆。

但与之相映成趣的是，极少有学者真正关心过企业章程与时俱进的优化。在大多数企业创业的过程中，公司套用互联网或工商注册部门提供的样板作为公司章程已经成为常态。

事实上，现代组织与传统组织最大的区别是，现代组织必须是一群人基于高度共识而组建起来的团队，其深层奥妙是"系统远大于个体之和"的系统论。企业必须是这样一种组织 —— 把个体能量之积形成势能强大的团队，而非无共识、无纪律的乌合之众形成的临时性团伙。

正如现代国家有别于传统国家的根本参照之一，就是有无深得各方认同的宪章或宪法。英国大宪章、法国宪法和美国宪法是引领这些国家步入西方现代化进程的核心旗帜；《中华人民共和国宪法》有力推动和加强了社会主义法治建设，有力推动和保障了党和国家事业发展。

对现代国家来说，立宪是标志性的事件，维宪是关键性的博弈主战场，修宪是战略性的治理大事件。

中国民营企业不重视章程的制定，忽略章程的适时修订，导致中国民营企业的主体仍然只是利益共同体，远未成为精神共同体、思想共同体。这是中国民营企业"亲人式创业、仇人式散伙"成为常态的根本原因，也是中国家族企业传承中依靠个人觉悟而非理性规则、频繁爆发所谓"内斗"的根本原因。这一关键性的缺失，让组织的可持续发展具有极大的不确定性。

在此，我们并非否定家族宪法对家族企业现代化的标志性、典范性意义；但我们更强调被忽略的另一面，即中国民营企业章程的基础性意义。有个身为家族企业第二代继承者的学员在深思家族企业治理后，讲过一句非常有力量的话："家族企业的本质在企业而不是家族。在我的认识里，家族利益来源于企业；所以在我的规矩里，企业是本，家族是末。"

3. 翻越三座大山：传承、转型与创新

本文着眼于中国民营企业的现代化，目的导向与问题导向高度统一。我们需要真正找到当下中国民营企业面对的三大难题：传承、转型与创新。

所谓传承，就是第一代创业者在退出管理一线之前，必须找到能够实现创业一代企业家精神传承、实现企业长期发展的企业接班人及其团队。某权威机构根据多年调查的数据得此

◆《清明上河图》（局部）

结论：中国民企实现有效传承的比例仅为三成左右。

　　中国民营企业大多诞生于中国市场经济起步、国人物质短缺、世界分工体系严密清晰的特定历史阶段，绝大多数民营企业起源于作坊式工厂。随着全球生产相对过剩的时代到来，多层次资本市场逐步建立，行业的专业化程度与产业的精细化程度全面加强，中国企业的头部效应已经高度凸显；低水平、山寨型、作坊式、小规模、微利化的企业必然被时代挤压乃至淘汰。唯有实现三重转型才有出路：一是思维转型，从以我为主的工业化思维全面转向以客为尊的市场化思维；二是组织转型，必须从传统的金字塔形机构全面转向高效协同的扁平化组织；三是商业模式转型，必须从简单的低买高卖、自产自销赚差价的单一利润商业模式全面转向以平台化运营为核心，力出一孔、利来多孔的生态型收益商业模式。

所谓创新，就是在两次世界性大变局中，中国民营企业必须走出一条依靠技术进步，以实体组织整合现代金融、人力资本、制度机制，创新联动的发展新道路。

必须承认，经历了疫情大考，大多数中国民营企业都陷入了不同程度、不同维度的困境。在透风漏雨之际，要翻越这三座大山，一些中国民营企业难免会出现资源不足、动力不够、心气有限的问题。同时，国内外政治经济形势越发云谲波诡，中国民营企业群体本就欠缺的从容与睿智显得更为稀缺。

中国民营企业到底何去何从，从哪里寻找下一步的动力，已经成为一个必须严肃对待、创造性求解的大问题。都说历史是最好的老师，现代化是面向未来的事业，因此我们可以从历史中汲取智慧。

◆总结历史：把经验上升为理论，把初心塑造为信仰

中国民营企业和民营企业家，无疑属于最没有历史感的群

体之一。准确地说，正因为他们过于关注现实与物质，对历史应有的敬畏和珍视被相应地压抑了、悬置了。

大多数企业 —— 哪怕是办公楼宇气派豪华且空间闲置的企业，建有现代意义企业档案馆的却寥寥无几；有专门档案管理团队的企业更是凤毛麟角；而认真做过历史复盘、形成有效决议的企业，几乎可以说是万里挑一。

这一现象在我看来可谓是悲喜交加。悲，是因为这意味着企业严重忽略了自身的历史；喜，是因为如果企业能好好补上历史这一课，就可能发掘出真知灼见，而这些真知灼见可以当作企业未来的导航明灯。

鉴于民营企业尚未严肃认真地总结过历史，我们要向中国共产党这样的百年政党学习，用集体决议的方式深度复盘，"看清楚过去我们为什么能够成功，弄明白未来我们怎样才能继续成功"。

1944 年 5 月至 1945 年 4 月，中国共产党召开六届七中全会，举全党之力、之智，讨论并通过了《关于若干历史问题的决议》。毛泽东强调："如果不把党的历史搞清楚，不把党在历史上所走的路搞清楚，便不能把事情办得更好。"

1981 年，改革开放刚刚启动，中国共产党召开十一届六中全会，通过了《关于建国以来党的若干历史问题的决议》。邓小平说："历史上成功的经验是宝贵财富，错误的经验、失败的经验也是宝贵财富。这样来制定方针政策，就能统一全党思想，达到新的团结。这样的基础是最可靠的。"

2021年，全球新冠肺炎疫情还在肆虐，中国共产党召开十九届六中全会，通过了《中共中央关于党的百年奋斗重大成就和历史经验的决议》。习近平总书记指出，全面总结党的百年奋斗重大成就和历史经验，对推动全党进一步统一思想、统一意志、统一行动，团结带领全国各族人民夺取新时代中国特色社会主义新的伟大胜利，具有重大现实意义和深远历史意义。

中国共产党作为一个后发的现代政党，带领全球人口最众、历史最悠久的民族实现民族解放、民族自主和民族复兴，让跌落历史泥潭的中华民族能够大踏步赶上世界进步发展的步伐，在新时代创造经济快速发展与社会长期稳定这两大奇迹，"今天已成为拥有九千五百多万名党员、领导着十四亿多人口大国、具有重大全球影响力的世界第一大执政党"，说明中国共产党面对历史拥有严肃、审慎的态度，善于把历史经验上升为理论和思想，并从中汲取历史智慧。这种做法特别值得学习。

同理，中国民营企业经历过波澜壮阔的改革开放，用短短几十年压缩式地追赶、进步，实现了与全球一流企业的同台竞技。总结历史经验，寻找曾经辉煌的代码；面向未来，形成内部共识的机制。这既是对历史应有的尊重态度，更是化解现实问题的法门。

鉴于大多数民营企业对企业文化的认识有限，我们主张化思为信，化信为行。

近些年来，认识到确立愿景、使命、价值观对企业有意义的人确实越来越多，邀请专门的组织对企业文化进行系统梳理的企业家也不在少数。但从绝对数量上来说，大多数民营企业还没有确立系统的企业愿景、使命、价值观。即便一些企业有了挂在墙上的企业文化，但是能共创出具体的行为规则，有机构和部门进行督查、考核并给予激励的企业少之又少。

当此之际，对民营企业而言，以下两项工作必须齐头并进。

一是以二次创业的精神重新归零，复盘历史过程，总结历史经验，形成领导者的经营思想，并把领导者的思想结晶变成组织的信仰，打造在企业内部形成高度共识的企业愿景、使命、价值观。

二是把愿景、使命、价值观落实到企业经营的具体过程中，把愿景、使命战略化，把战略解码化，变成部门 KPI（关键绩效指标）和个人 PBC（个人事业承诺）；把价值观行为规则化；最后实现"把企业家的思想真正落实为全员行动、落地变为企业生产力"的流程闭环。

事实上，大部分民营企业家已经越过了马斯洛需求的1、2两级[①]，已经具备一定的物质条件与人生阅历，开始追求尊重与自我实现了。觉醒的企业家们开始懂得"慢工出细活"，开始接受"战略耐心是创业的宝典"，开始向往与有情有趣、志同道合的人一同做一件有意义的事。这是比单纯追求赚钱更有味道、更值得向往的人生下半场。

"市场不是你娘，没有耐心等你成长。"

"员工不是你娃，不必跟你熬听你话。"

面对企业内外强烈的不协调，二次创业的企业家必须把所有的要求想清楚，明晰化为组织的价值主张、规章制度与操作流程，必须清晰地告诉各级员工，我们要去哪里，我们要什么人，我们要干什么，干成了会是怎样令人向往的状态或场景。

企业的愿景、使命、价值观是企业家思想的淬炼，也是企业家本质力量的对象化。

同样重要的是，"互联网时代"的青年员工大多数都告别了饥寒的威胁，把自我实现当作自己的第一需要。"士为知己

---

① 马斯洛需求层次理论由美国心理学家亚伯拉罕·马斯洛1943年在《人类激励理论》论文中提出。书中将人的需要像阶梯一样从低到高按迫切程度分为五层，分别是：生理需要、安全需要、社交需要、尊重需要和自我实现需要。文中的1、2两级是指生理需要与安全需要。

◆ 雕塑《丝绸之路上的商旅》

者用"是这代员工的基本态度。有本事的人总是愿意为那些真懂他、真爱他的人或组织效力。这是西汉司马迁在《报任安书》中表达的人生追求，更是当今有志之士、栋梁之材的共同愿望。

"同声则异而相应，意合则未见而相亲。"如果大家志趣相同、思想统一，即使身处异地也会相互应和；如果大家理想高

度契合，即使不曾见面，也能宛若亲人。如果大家坦诚相待，和而不同；如果新员工刚上岗就能迅速融入组织文化，像经过多年熏陶的老员工一样，这不正是组织最佳的治理状态么？

企业家把自己的个人商业信仰与思想，变成组织坚定、清晰的商业目标，是应对时代变革的必然战略。

鉴于大多数民营企业对研发的重视不够，我们主张企业要向大学学习，向他们学习如何在探索真理、获取真知、掌握规律的基础上创造新的观念和技术，培养出一代代理性、卓越的人才，走出"创意、创新、创造"的新道路。

考察人类大学的历史，一个非常值得关注却常常被忽略的原理是：现代大学本质上是从宗教的怀抱中挣脱出来而逐步获得独立性的。

文艺复兴与人文启蒙虽是在先锋艺术家的引领下燃起熊熊烈火的；但大学的群体性崛起和大学里科学家、思想家的涌现、发声，才是让文艺复兴最终导向科学兴起、工业革命甚至新教改革的最后且最持久的力量。

人类最早的两所大学 —— 博洛尼亚大学和牛津大学已经度过了它们的 900 岁生日；紧随其后，剑桥大学超过 800 岁；鲁汶大学接近 600 岁；最"年轻"的世界顶级名校哈佛大学也近 400 岁了。

我们不禁要问，这些大学凭什么可以越过一次次自然、社会、政治的狂风暴雨而屹立不倒？

这个问题的答案有着高度的专业性与学术性，但从社会组织的角度来看，任何组织能够长期屹立不倒，只有一个原因 —— 它被人类需要。而大学之所以被人类需要且短期难以被超越、扬弃，是因为它以制度性的方式给人类提供了三样东西：科学与技术的真理之光，知识与规律的思想之魅，以及源源不断的人才。这三点已经构成了当代世界关于经济社会发展的三大共识：科技是第一生产力，创新是第一动力，人才是第一资源。

站在新时代创新的维度上看，中国民营企业尤其是致力于成为百年老店的家族企业，必须从传统的利益短视中解放出来，做好技术的研发、规律的研究、知识的管理，更重要的是通过各种机制与平台，培养越来越优秀的人才。

◆面向未来：以"三新"破解挑战，用"五zhi"凝聚人心

1. 用"三新"破解挑战：实践创新、思想创新与制度创新

虽然我国经济总量跃居世界第二，但大而不强，臃肿、虚胖、体弱等个别问题依然存在。企业的创新能力不足是最大的短板，用习近平总书记的话说，这已经是中国经济大个头的"阿喀琉斯之踵"。

前面我们提到中国民营经济的三座大山，创新即是最后的高峰。客观来说，一些民营企业尚未走出"模仿式创业、作坊式生产、山寨式创新"的历史沿袭。不仅如此，大多数民营企业家对创新的理解也十分狭隘，总体上仅限于对技术与产品的创新。

但按照国际学术界、思想界、产业界最新、最综合的理解，创新已经越来越表现为思想观念的重大突创、学术原理的重大突破、科学技术的重大跃迁、社会制度的重大集成。具体到企业创新来看，最重要的是商业实践的创新、商业思想的创新与商业制度的创新这三个维度的耦合叠加。

所谓商业实践的创新，侧重于以客户为中心展开的产品、服务、营销、品牌的创新。谁能善于走进消费者的内心，占领并引导好客户的心理，谁就能赢得未来。其中，商业民主的进步程度是重要的参照指标，而采用新的技术触达消费者身心的深层需求并有效满足是关键。

所谓商业思想的创新，侧重于企业管理者、经营者维度，在于对经济社会大势发展的前瞻性领悟、对行业规律和产业规律的透彻把握，以及对成功与失败经验的总结升华。其中，规律的把握程度是重要参照指标，而企业家思想的体系搭建与跨界验证是关键。

所谓商业制度的创新，侧重于员工和合作伙伴的维度，核心在于从人心的信任与人性的防备出发，进行管理探索，集中体现为探索如何在有效防止人性道德风险的前提下激发人的潜能、善良和协同创造。其中，分配制度的公平、科学和有效程度是重要参照指标，而制度的内生、悦纳与自我履行是关键。

2. 用"五 zhi"凝聚人心：砺志、集智、建制、善治、益秩

"五 zhi"模型是笔者在多年研究与咨询过程中，从"思本"原理出发创造的一个企业发展内生框架。简单说，就是把企业家的个体思想变成社会生产力的一个简单演化流程。

首先是"砺志"。所谓"志"，即志愿、愿景。

企业的愿景即企业家创立企业的初心，决定了企业未来的走向和后续治理方向。纵观历史，凡是伟大的组织都是不忘初心的典范，都是愿景传承的标杆。如前文所述，二次创业的前提就是创业者必须把自我经验上升为定义清晰的志向（个人愿景）。这是一个不无痛苦的磨砺过程。

其次是"集智"，即汇聚集体智慧和组织共识。

好的愿景不能仅仅停留在创始人一个人的头脑里，必须开放吸纳组织全体尤其是高层管理人员的思想贡献。把创始人的初心打磨共创成组织共识的过程，就是企业上下变得众志成城的过程。事实证明：没成为共识的愿景很容易变成空中楼阁；而愿景一旦被转化为集体智慧，就会被相信，就会自然鼓舞一帮志同道合的人为之奋斗。

再次是"建制"，即建立制度、创设机制。

美好的愿景需要脚踏实地地落地实施，这就需要上下统一的制度来保证，需要灵活高效的机制来运营。严格来说，制度、

机制一旦确立，任何人，包括组织的领导人与创始人，都必须接受制度、机制的约束。

第四是"善治"，就是好的企业治理。

纸面上的制度能否保证企业中所有的员工都知行合一、万众一心？能否保证所有员工的执行效率？答案很显然，远远不能！所以，从一开始就确保把事做正确，导引员工的行动方向和商业行为，紧紧扣住企业的发展方向；在过程中，不断纠偏，不断校正，这样方能完成企业治理。

第五是"益秩"。"益秩"一词语出《荀子·强国》，大意是基于个人在组织中的地位、分工与贡献，由组织分配收益。

原文是："古者明王之举大事，立大功也，大事已博，大功已立，则君享其成，群臣享其功，士大夫益爵，官人益秩，庶人益禄。"

用在此处，就是希望当下大部分民营企业能改变在分配时的狭隘、粗暴与简单。收益绝不仅仅是物质回报，它理应包括但不限于岗、责、权、利、名。好的治理不仅是管行动，还能实现对动机的管理。这就需要管理者做出符合人性与人心的分配和承诺。

从砺志，到集智、建制、善治，再到益秩，就形成了把企业家思想变成员工行动，变成企业生产力，再转化为所有参与者的价值回报的闭环,"把思想变成生产力"就不是一句空话。

◆ 人的现代化:要重新定义企业家,重新定义企业

按照马克思在《1844年经济学哲学手稿》中的理念,"人的自由全面发展"是核心和最高目标。

我们反复强调,疫情大考应该让中国企业迎来企业确立愿景、使命、价值观的元年,应该让中国民营企业迎来现代化的元年。经历了过山车式发展的中国民营企业,必须以一种集体方式寻找绝处逢生的定海神针。

德国物理学家马克思·普朗克曾经有一句名言:"一个新的科学真理取得胜利并不是通过让它的反对者们信服并看到真理的光明,而是通过这些反对者们最终死去,熟悉它的新一代成长起来。"这段话后来被称为"普朗克科学定律"。它生动形象地反映了创新理论被人们接受的困难程度。这句话听上去很残酷,但历史上每一次重大且成功的改革、革命与变法,表现在组织上就是一代新人换旧人。

唐代开元盛世的最后一个名相张九龄曾言"正其本者万事理",用在企业管理上,可以理解为:找到培植组织的根本之道,所有事情就有了自然而然的逻辑,会一目了然。

从某种意义上说,经历过改革开放,最先富裕起来的群

◆宁波博物馆展陈的海运商业场景

体 —— 中国民营企业家最有可能、最必须承担起的使命就是自我人格的现代化。这是走好中国式现代化道路的重中之重。

从我们的逻辑上来说，中国民营企业家群体需要重新定义自我，重新定义企业。

首先，企业组织必须从利益共同体变迁为精神共同体、思想共同体和灵魂共同体。企业要告别资本主义市场经济阶段单纯的利益共同体属性，逐步成为员工和客户的心灵对话平台，成为志同道合者的思想共同体。从社会主义市场经济的核心逻辑来说，企业应该成为自由人联合体的初级实现形式和核心载体。

其次，从资本市场估值的维度来看，企业家的精神应该具有独立于企业组织的市场价值和资本估值。

最后，也是最重要的是，企业家必须从物质资源和生产要素的整合者变成文化整合者，甚至成为一群有志之士的灵魂感召者、精神引领者和思想共振者。

◆结语：中国民营企业现代化的特殊语境

在全球进入变革期的关键时刻，在中国经济出现新现象、新变化之际，提出中国民企现代化的命题，似乎有几分不合时宜。但纵观人类的历史，许多伟大的变革都是时势造就的。

如果我们客观审视中国民企的生长发展道路，不难发现，绝大多数中国民营企业家的创业动机都是穷则思变。

两千五百多年前，孔子有言："生而知之者，上也；学而知之者，次也；困而学之，又其次也；困而不学，民斯为下矣。"

近二百年前，马克思说过："人们自己创造自己的历史，但是他们并不是随心所欲地创造，并不是在他们自己选定的条件下创造，而是在直接碰到的、既定的、从过去承继下来的条件下创造。"

从宏观维度看，我们党在拨乱反正后才开启了全面改革图生存、谋发展的崭新道路。今天，原有的企业发展路子已经走不下去了，必须以新发展理念走高质量发展的新道路才有未来。也许绝处逢生的智慧会从企业的现代化中获得新的启示。

从被迫的"困而知之"走向自觉的"学而知之"，最终升华到某些特定时刻的"悟而知之"，这是大部分普通人成为君子的可能之路。孔子说过，"吾少也贱，故多能鄙事"；司马迁说过，中年困顿的孔子也曾"累累若丧家之狗"。当且仅当中国民营企业家接纳了历史处境，找到了现代化法门，尊重历史赐予自己的改革先行者这一宝贵身份，才能将这一条荆棘之路走出灿烂的中国底色、中国精神、中国风度。

最后，把我十二年来反复与企业家沟通的四句话作为结语：

第一，我们不能在想要的环境中创造历史，只能在遇见的环境中创造历史。这个环境的核心是人，是自己。

第二，欲戴王冠，必承其重。作为群体，中国民营企业已经

46

为中国经济贡献了"56789"[1]，这是中国经济的历史馈赠，也是中国民营企业家筚路蓝缕、披荆斩棘、栉风沐雨的创造。因为历史的选择，中国民营企业家群体成为中国现代化的先行者、践行者与奉献者，成为必须担当起新一轮中国式现代化的先知先觉者。

第三，"饮其流者怀其源"，"济江海者因于舟"。据统计，中国1%的家庭掌握了全国三成以上的财产。在笔者看来，这一人群中绝大多数应是中国民营企业家。从这个意义上说，中国民营企业家应该对自己的企业组织及员工群体有深深的感恩之情，并且要借助实践创新、思想创新与制度创新，实现自我人格的现代化。

第四，万物得其本者生，百事得其道者成。经历了四十多年改革开放的中国民营企业家，有着极其丰富的实践经验、失败教训与心酸苦楚。若能把所有这些经验、教训与苦楚淬炼成企业现代化的规律与本质，变成新一轮中国民营企业现代化之路，将会照亮自己，照耀同行。从这个意义上说，中国民营企业

---

① 我国民营企业的作用和贡献可以用"56789"来概括。"5"就是民营企业对国家的税收贡献超过50%，"6"就是国内民营企业的国内生产总值、固定资产投资以及对外直接投资均超过60%，"7"就是高新技术企业占比超过了70%，"8"就是城镇就业超过80%，"9"就是民营企业对新增就业贡献率达到了90%。

家不仅将成为中国经济社会现代化历史的重要一环，也会成为中国制度思想现代化历史的重要一环。

作者

戴明朝，复旦大学文艺学博士，"思本经济"首倡者。2008年全球金融危机爆发以来，作为"思本经济"研究者、思想型企业家的深度陪伴者和"把思想变成生产力"实践的推动者，致力于"把思想变成生产力"的原理研究、社会观察和实践探路。

古代世族的教育传承和书院

——传承文脉　务实治学

程方平

在中国古代社会中，世族所属的地位显赫，发挥的作用也是十分显著的，而世族的品类及其延续是世族本身最为关注的两个问题。一般而言，所谓的"世族"即是有血缘关系和某一优势资源、地位的姓氏、家族。按照类别划分，有因古代分封制度而形成的帝王后裔和地方豪强（如汉代至魏晋时期的杨、窦、萧、羊、陆、袁、裴、卢、崔、王、谢、司马、荀、陈诸家，隋末兴盛的李、郑诸家等），有因名望和思想确立的圣贤后裔（如孔、孟、颜、曾四家，以及老子、孙武、诸葛亮家族等），有因军功而形成的行伍后裔（如岳飞、杨继业、戚继光、曾国藩家族等），有因科考晋升和学术影响而形成的（如宋代"三苏"一家等），有因专门之学而形成的（如"史圣"司马迁、唐代"历算大家"李淳风家族等），也有因经商而富甲一方的（如苏州的沈家、山西的乔家等）。

史上知名的家族有的只兴旺几代，有的则绵延几十代而长盛不衰（如西汉兴起的弘农杨氏，历经汉唐各朝，通过政绩、学问、联姻、各类关系及子孙培养，成为拥有"十一世宰相"的著名世族）。这些家族成为一个时代或一个地区内地位显赫、影响巨大、带动社会风气的重要人群。

中国古代的教育制度多是"以吏为师"和"学而优则仕"，因此，出于各种缘由形成的世家均把教育子女、发展家学（包括宗学、族学、乡学等）、培养子弟当作世族历久兴旺的重要基石。除了兴办较为正规的家学外，还注重在家庭文化、家庭生活方面的渗透式教育。包括确立世族的文化、修订族谱、确立子孙名字的排行、整理家书、议定家训、请名家撰写墓志铭、竖立牌坊、与官宦联姻等等。像《诫子书》《颜氏家训》《郑氏规范》《朱子家训》《吕氏乡约》《五种遗规》《曾文正公家训》等颇为有名，且为家族外更多的人或家族所效仿和借鉴。

◆**如何打破"富不过三代"的魔咒**

过去我们常批评古代的豪门世族"为富不仁"，记住了"朱门酒肉臭，路有冻死骨"的贫富差距，但也不能忽略在中国文化的大氛围中，"以义取利"的世风一直在社会商业文化的发展中起到了重要的作用。从军者想做"儒将"，经商者愿做"儒商"，为官者思为清官，诗礼之家喜欢彰显书香等，都体现了中国传统社会在理想追求上的积极取向。这种积极的取向也使多数世家、世族的掌门者放开眼界，将世族的延续与子孙的教育看得最为重要。

世族所拥有的政治、文化、经济、社会关系甚至军事方面的优势是一时的，因为人生充满了变数。我们都知道"祸兮福所倚，福兮祸所伏"的辩证法，也深知"富不过三代"的魔咒的威力。然而，只要我们恪守中国哲学的"中道"，了解《周易》"谦卦"吉利的原因（"满招损，谦受益"），善于学习和积善，就会在困难的环境中游刃有余，遇难成祥。

一个个体、一个家族，甚至一个国家或民族的幸福，不仅需要丰厚的经济基础，还需要有一定的社会和文化建设与之匹配，尤其是教育。孔子曾经提出，"富""庶""教"三个支撑是社会良性发展的基石。《尚书·洪范》中也曾解释"福"有五种："一曰寿，二曰富，三曰康宁，四曰攸（有）好德，五曰考终命（尽享天年，寿终正寝）。"由此可见，经济或财物方面的富有并不是幸福的全部，只是幸福的一个方面。相比较而言，健康成长、好的气质与品德，以及智慧地躲避灾难等，是更加重要的方面。

◆古代私塾模型

◆古代书房场景

尽管长辈为子孙积累财富是合情合理的，但是，如果长辈娇惯溺爱子孙，导致他们养成好逸恶劳、好吃懒做、挥霍无度的恶习，就是在害他们，将断送世族的根脉。宋真宗在其著名的《劝学诗》中表示，一个人若热爱读书学习，则一切幸福都将在其中实现。

在史前时期，一些强势的氏族就知道要培养子孙和部落骨干成为干事英才。当时还没有文字，因此他们通过以身垂范的方式来供子孙效法，通过语言交流来锻炼后代的思维判断能力，并对后代委以重任，让后代在艰难处境中提升其实践能力。这成为那些强势氏族培养、教育后代的主要方式。夏商文字的产生让人们逐渐有了更为确切的经验记载，让社会逐渐产生了越来越丰富多样的知识、技能和思想体系。学校逐渐出现并从宗教中脱离出来。最初，只有帝王及其子女有专门学习和进入学校的条件。直至孔子时代，才有了官学以外的私学，并有了成体系的教学内容。在孔子之后，大约是孟子和荀子所在的战国时代，贵族私下办学成为时髦。这也是战国列强急需人才、图谋称霸意图的体现。当时，春申君等王子出面揽才办学，促进了"百家争鸣"思想繁荣局面的形成。自此，中国的教育和人才培养，就不再只有官方一个渠道。民间各家的教育不仅是官学的重要补充，也是在专业化、个性化和创新能力方面均不亚于官学的重要教育形式，特别是在朝代更迭、社会动荡之时，民间教育的生命力和抗挫能力都大大优于官学。

秦汉以后，中国社会的各项制度基本确立，文字的规范和纸张的出现为中国教育的发展提供了更好的条件。除了中央和地方官学外，还有一些有实力的豪门世族通过自己的资源和能力，为社会培养了大量的人才。这些豪门世族包括魏晋时期的王、谢、桓、庾四大家族，以及南北朝时期各朝代更迭中产生的新世族。

如何通过合理的教育，在世族子孙中培养济世之才以光大世族，这是世族中具有深谋远虑的主事者需要认真思考的问题。而他们确立的内容、方法、途径和标准都不会超出《礼记·大学》所确立的原则范围和基本精神。这些原则包括"明明德""亲民""止于至善"（三纲领）和"格物""致知（属于具体的知识技能教育，后来的'科学'也被称作'格致'）""诚意""正心""修身""齐家""治国""平天下"（八条目）。这意味着，虽是世家办学，但对儒家确立的"大学"（不是西方"高等学校"的意思，而是"最重要的学问"的意思，此意由外国学者译成"The Great Learning"）思路是高度认可的。即便是出身于商贾之家的世族，他们的终极理想和目标都是为人类文明的发展贡献力量，而获取财富仅是一种路径或手段，并非教育和成就的全部。

在当今社会，学习与财富和经济收入之间有更多的关联。在西方社会中，有人认为：第一代创业者没有足够的资本，他们更倾向于选择学习理工科，毕业后从事工商业，为家族打下经济基础；创业者的第二代面临的经济压力减小，因此会更多地选择理科或文科进修，以在理论或抽象层面进行探索；创业者的第三代可以更加洒脱地选择艺术、宗教类专业学习，在美育和精神层面有所建树。如果一个家族拥有了各方面的人才，有了尚学和自强的家风，并且具有对家庭和社会的责任感，那这个家族一定会长盛不衰。

在汉到隋唐时期，世族不仅拥有各方面的绝对实力，而且也拥有着政治制度和人才选拔制度上的极大优势。在最高权力层面，"上品无寒门，下品无世族"的现象已形成了铁律，纵向的社会流动几乎没有，或者只在社会动荡时才会偶然出现。但在科举制出现以后，这类特权被大大削弱了。尽管豪门世族仍然具有最好的各种资源，但科举制度带来的竞争与博弈等挑战也使这些豪门世族过往的辉煌不再。因此，即便是豪门世族或当朝宰相，在临终时也会有"缙绅虽位极人臣，不由进士者，终不为美"（《太平广记》）的遗憾。为了适应时代的变化，世族开始了新的努力，而这种努力依然以教育为主。

◆ 书院：办自己理想的大学

隋唐时期是中国历史的巅峰时期。在这一时期，中国的科技、经济、政治、法律、教育、文化等各个方面都出现了集大成的专业整理和一些全新的探索，在精神文明建设方面也有了"三教"的支撑和各类文明的参与。印刷术的发明，以及翻译、藏书、书籍编辑出版与文化交流的发展，使得中国的私家教育可以和当时中国教育的最高水平——官学相媲美。在一段时期内，私家教育与官学甚至相互促进。

在初唐时期，官方出现了对古代文献进行整理、研究、校对和出版的权威机构——书院。一般而言，地方的豪门世族在藏书的种类和数量方面要比地方州县办的学府更多，所以不少有志于学的年轻人，在初有所成（比如中了举人）之后，会选择到豪门世族之家做家庭教师，目的之一就是可以看到内容丰富的各类典籍。而有见识的世族掌管者中有部分人看到了官学和科举的弊病，希望能通过办高水平的家学来聚拢人才、培育子孙，甚至形成一家之学。与此同时，当在宦海沉浮的有为之士被贬至偏远之地时，也愿意把心得、见识传授给时人。如此，因缘际会，从唐末五代开始，中国历史上出现了久负盛名、可以与著名西方大学比肩的书院，如岳麓书院、白鹿洞书院等。

◆岳麓书院

书院在唐末五代时期开始零星出现,到两宋时已在社会形成了风尚。它是世族与文人同心共建的一种新型民间教育形式。书院在许多方面进行了创新。这些创新后来被官方吸收,有的甚至成为影响中国教育的重要典范。如宋理宗曾下令将《白鹿洞书院揭示》抄录到太学门口,成为影响体制内改革发展的体制外私人探索典型案例。有人认为,与佛、道两家各自

◆白鹿洞书院

的道场相比，书院是儒家的道场。书院确实在许多方面学习了佛道避世、独立、超然、非官方的特点。虽然到元代以后，官办书院的比例达到了六分之一；但从唐末到清末，有具体记录的7000多所书院中，大多数是私立或民间的。这些书院几乎覆盖了全国地区。中国周边的日本、韩国、越南等国也多开始效仿,兴建书院。

世族参与兴办书院,是通过提供藏书、场地、院田(租金用于书院管理等开销)等物质条件,达到自家的教育目的,实现世族兴旺等更高追求。书院的规模可大可小(小规模的也称"精舍""草堂"等)。修建书院的士族不在意书院的规模大小或简陋与否,更注重书院中是否有名士讲学、学术争鸣(如"鹅湖之辩")、多方"会讲"(如朱熹、张栻在岳麓书院同台,从自己的角度共讲一个话题)。书院以传道而非科考为目标,为唐宋时期以后的社会发展和人才培养做出了重要的贡献。虽说修建书院先行受益的是世族子弟,但广大民众也因此得到了接受教育的机会。

书院办学开放自由,没有硬性的规范标准,也不会因被纳入标准的官学系统而受限制,所以,世族和学者可以按照自己的想法办自己的大学(广州现存著名的陈家祠堂内有藏书楼,曾设私塾和书院),宣传自己的理想,培养自己需要的人才。

从书院出现至今,覆盖乡间的"大学"只有书院。最早的农学、兵学、水利、建筑等专门"实学"都是从书院开始先行探索的。传教士来华时最初创办的是"洋书院",清末洋务派最早办的新型学堂也是兼讲洋学问、聘请洋教习的新书院。在官方大学无法覆盖的地方,书院仍然可以发挥教育的作用。

在清末时期，众多的书院被西方传入的现代学校取代，但是书院这一形式依然被人们追忆和向往。截至 2023 年 2 月 12 日，全国重建或新建的各类民办书院有 2000 多所。希望这些书院不仅能延续传统，也能与时俱进地进行新的教育探索，为中国教育继续贡献特有的能量。

作 者

程方平，中国人民大学教授、博士生导师，中国书院学会和学校文化研究会副会长，国学教育研究会顾问，中国书法家协会会员。部分高校和地方教育顾问，从事教育工作 48 年，研究领域包括教育、历史、艺术等。

中国人的家族与人文精神传承

——明通天下

三　峰

◆皇朝有更替，世家有传承

敦煌文化中处处可见生生不息的家族传承生命力。依我个人管窥之见，故宫和敦煌作为中国等量齐观的文化符号，其精深、广博自不待言，而彼此的差异恐怕就在于"皇家与民间"的对比。

不同于洛阳龙门石窟、武当山古建筑群等其他世界文化遗产，敦煌的许多洞窟并不是皇家与地方官府所开，而是很多家族一代代接续不断地开凿出来的，其中不乏令人拍案叫绝的传承故事。

其中一个故事是这样的：首代族长发家致富后，为求家族世代幸福，主持开凿洞窟。开凿工作进行多年后，族长去世，随后家业衰败，家族中人不得不停止开凿。几代以后，某一代族长中兴家业，仍然记得祖上未完的事业，重启停工数十年的开凿工作，直至洞窟完成。从第一代开始，到最后一代完成，中间相隔百余年。假如我们在积累财富的同时，能花时间去思考，吃透这些故事背后家族系统人文精神的生命力，应该会有不一样的收获。

说到家族传承，肯定离不开两个字——富贵。要讲到富贵，就要讲到发家、持家。剃刀如何发家、持家，那就不得不说到一句大白话——"家和万事兴"。在讲述富贵与家族传承的关系之前，我先来讲讲自己对这句大白话的思索。

◆ 家和万事兴

也许有人会认为这个话题不值一提。一家人和和乐乐，和气度日，和气生财，这道理谁都知道。十年前，我第一次在商学院和读取 EMBA（高级管理人员工商管理硕士）的朋友聊"家和万事兴"这个话题。当时我刚一提出这个话题，教室里面就一片哗然。我继续说："请各位想想，有没有反例——家庭成员和和乐乐，却长时间没有'万事兴'，更没有什么财富积累的故事？"这句话让课堂上的同学们你言我语起来。

据我观察，"和"字有妙义。家和，要分三个层次来理解，根据中国的传统学问来看，就是要和天、和地、和人。天地人和，一起和，懂得天时、地利、人和，才能真正"家和万事兴"。天时地利，在古代中国多和道家学问有关，在此暂不多述。下文单说"人和"。

"人和"的第一点，是"和"自己。"懂得自己"才是大学问。《道德经》上说"知人者智，自知者明"。知人已经很难，自知是难上加难。自知后懂得何时顺应、何时调整，更是难上加难。我们回顾历史就会发现，每一个世家的出现，都离不开一个乃至几个了不起的人物。这些人自知的能力很强，知人的能力更不必说。我来讲讲自知背后的内容。

常言道，"江山易改，本性难移"。一个人越早知道自己的秉性如何，就越能掌握生命的主动权。这就是中国人所讲的"命"。如果把人生比作一次单程的旅途，那么"命"就像一个人出生之后拿到的那张地图。假如他拿的是英国伦敦市区地图，那么他就会按图索骥，在伦敦安身立命；假如他拿的是一张撒哈拉沙漠的地图，那么他就会在沙漠中安身立命。"运"的意义在于：他在伦敦可能有好的生活，也可能有不好的生活；他在沙漠中可能有好的生活，也可能有不好的生活。现代心理学的无数案例也证明，一个人自我觉察能力的强弱，直接决定了这个人的运程走向。如同旅行一样，一个人的心理、物质准备越充足,就越能享受旅途中的美好。

"人和"的第二点,是"和"自己的原生家庭。原生家庭,就是上文提到的地图来源之一。从现代心理学观点看,豪门中的恩怨是非除了与利益分配不均有关,也有不少与长期积累、未及时处理的家庭问题有关。

一个人长大后,领悟到自己和家族关系的来龙去脉,使家族的精神得以传承,这便是第二层意义上的"人和"。

讲完对于"家和"的理解后,我将"富"与"贵"分说如下。

◆ 钱去哪里了

先说"富"。商业社会,人人求富,个个想财,无可厚非。得富的好处,众所周知。求富的难度,自古以来官方、民间有各种说法,关于运气的、气场的、国家大局的、地域优势的、产业/行业特点的,说法千万,各有不同。我提供一个思考的角度,供各位参考。那就是"财富的去路",也就是"以终为始",先看钱去哪儿了。关于这一点,我觉得佛教经典讲得比较透彻。

关于财富的去向,佛教经典《大智度论》中这样说:"富贵虽乐,一切无常,五家所共,令人心散,轻躁不定。"也就是说财货不仅仅为个人所有,而是由五家共同拥有。这里讲的"五家",分别是王、贼、火、水、恶子。分说如下:

王,在古代就是皇粮国税,在现代就是财富的再分配。

贼,指的是小偷、强盗,或者有类似小偷、强盗、骗子做法的人。富裕人家在积累财富的过程中,遇见如诈骗、不讲诚信、违约等事都是常态。还有更极端的情况,就是朝代颠覆,流寇横行。在这种情况下,富裕人家辛辛苦苦积累的合法财富往往在旦夕之间就会化为乌有。

火、水,就是以水、火为代表的自然灾害。例如,现代很多工厂在运行过程中遇到自然灾害。这样的案例很多,我在此不展开解释。

恶子,就是败家子。这样的案例更不必多说。

《大智度论》讲财富为五家共有,如果我们深入研究财富的去路,至少还可以加上一条去路,那就是"为疾病所有"。很多人辛劳了一辈子,赚的大部分钱最后却交到医院去了。当我们了解财富的去路后,也许就会放下少许执念,让自己的生命有更大的发展空间。历史上的不少世家历经朝代更替,却能坚守家风,把家族事业一代一代传承下来,奥妙就在此处。

◆国清才子贵,家富小儿娇

简单讲了"富",下面来讲"贵"。2016年,我任教于一所著名的国际学校。有一次课间交流时,校长和我聊了一件高中学生因住宿而引起的纠纷。事情是这样的：一名女生（为行文方便，称其为小 A）和同寝室的三名同学合不来，经常闹别扭。有一次，小 A 和父亲打电话的时候提到了这种情况。小 A 的父亲在电话那头大发雷霆，让小 A 转告学校管理层，他要来学校为女儿讨个公道。学校的管理层都是素质比较高的教育工作者，听到这个消息后自然很重视，仔细调查了事情的经过，不但听取了四名同寝室同学的讲述，而且听取了同班同学、任教老师、宿管老师等多方的看法，在掌握了基本情况后，约小 A 的父亲进行电话沟通。在多次电话沟通后，小 A 的父亲直接冲进校长办公室，质问校长为什么不把小 A 同寝室的三名同学调走，让小 A 一个人住单间。行文至此，虽已时隔六年，但我还能强烈感受到校长的无奈和愤懑。校长说："我和小 A 的父亲多次解释，校方已经安抚好小 A 和三名同学的情绪。她们之前的不愉快，其实就是一些误解没有及时消除，四名同学之间虽然不能说关系多亲密，但基本没有对立情绪和行为，再加上学校确实没有空余宿舍。"小 A 的父亲是这样说的："我女儿从小到大没有受过委屈。我家有的是钱，学校不是没有宿舍吗？我出钱让其他三名同学住学校附近的宾馆 ……"当我听到这里的时候，脱口而出："校长，您有没有听过一句老话，'国清才子贵，家富小儿娇。'"我话音未落，校长的眼神就亮了起来。

这句老话点中了这件事情的要害。"富"不是"贵","富"只是财、货积累得多,"富"要走到"贵"的路子上去,才能有所谓家族的人文精神传承,否则就被《道德经》的这句话说中了——"金玉满堂,莫之能守。富贵而骄,自遗其咎。"

为了更清晰地讲述"贵"这个字的含义,请看一副对联:

古今来许多世家,无非积德;

天地间第一人品,还是读书。

个人之见,这副对联说透了世家传承的要点:一是积德,二是读书。一个家族只有认真落实这两点,家族精神传承才能有保证。从现代管理学的角度来说,这两点具有可操作性。下面,我和大家仔细道来。

◆家族传承,首论积德

家族传承,首论积德。关于积德积善,儒、道两家的先贤概有详论。大家可能比较熟悉儒家的观点,我就重点讲讲道家人物的观点。

道家张三丰曾经说:"富贵之家积善易,欲求善报则不易,非不报善也,必衡其量而报之。贫贱之家积善难,而得善报则不难，非独报善也，亦衡其量而报之。至于非富非贵、非贫非贱者，积善获报，未亦称量予之也。"（《张三丰全集·施报篇》）大体上，他把家族分为富贵之家、贫贱之家、中人之家（非富非贵、非贫非贱）三种；根据积善的难易程度又分为积善易、积善难、积善不易不难三种，分别加以分析。

张三丰在分析富贵与贫贱之家积善与收获的关系时，有以下高论："身居富贵者，有积善之势，有积善之权，人生处此，即有善而无报，亦分内事，衣丰食丰，声有名有，但得常常若此，享其安荣，及其子孙，是亦善报矣 …… 居贫贱者，无积善之势，无积善之权，人生处此，遇小善而即行，似非奇事，惜字惜物，爱人爱物，但得常常若此，结土成山，结水成海，必得善报矣。"（《张三丰全集·施报篇》）

这一段，讲得有原则、有方法。就积德这件事而言，富贵之家不难，难就难在贫贱之家这里。贫苦人家无权无势，能保住温饱已然不易，如何积善成德呢？因此，张三丰祖师特别说要"遇小善而即行"，类似爱惜字纸这样的小事，看见了就立即去做，时间久了，小善积累多了，"结土成山，结水成海"，善报还是会随之而来的。

简言之，富贵与贫贱人家，积善积德，量力而行，不仅自己受益，更有可能让后代子孙受益，这样的话，何愁人人不积善积

◆ 张三丰雕像

德呢？

如张三丰所讲，积善积德有如许好处，那么，从实践的角度看，历代家族要想把积善积德落在实处，还需要具备以下两点：一是制度，家族所处的社会必须有详尽的制度，才能把积善积德做到有始有终；二是意识，一时积善积德的想法不难，难的是在日常生活中有积善积德的意识。按照现代讲法，就是把外在行为"内化"成日常习惯。

先说积善积德的制度。古时没有现代的公益慈善机构，遇见天灾人祸，贫苦农家缺衣少食，自然无法继续供子弟读书。面对这种情形，作为同族的富裕人家，平日就设立所谓"义仓""义塾"。"义仓"丰年积累的盈余财物可以在年景欠佳的时候救济贫苦之家，免费赠予其钱粮；而"义塾"为贫寒子弟提供校舍、教材、师资等。在古人的思维中，"义仓"救济贫苦是救急，"义塾"教导子弟是长久之计。这种巧妙的制度化设计，按照史书所载，至少自北宋的范仲淹家族就开始设计和推行。值得一提的是，范氏家族把义田制度坚持了一千多年。

《古文观止·义田记》如实记录了范仲淹的制度设计：

（范仲淹）方贵显时，置负郭常稔之田千亩，号曰"义田"，以养济群族之人。日有食，岁有衣，嫁娶凶葬皆有赡。

择族之长而贤者主其计，而时其出纳焉。日食，人一升；
岁衣，人一缣；嫁女者五十千，再嫁者三十千；娶妇者
三十千，再娶者十五千；葬者如再嫁之数，葬幼者十千。

这段话大致的意思是，范仲淹声名显赫后，给家族置办了
千亩田地，为其起名"义田"，以田亩收入来接济族中有需要的
人。为保证制度正确执行，范仲淹聘请了族中年长且贤能之人
来统筹安排钱粮出入。制度的细致之处很多，以婚嫁为例，考
虑习俗和资金实力：对第一次有女儿出嫁的人，给他五十千的
钱财，这家再有女儿出嫁，给他三十千钱；对第一次娶媳妇的
人，给他三十千钱，对第二次娶媳妇的人，给他十五千钱。

简单讲了与积善积德相关的制度，再来讲积善积德的意
识。积善积德的意识无处不在，有句常用的骂人话就叫"缺德"。
可为什么很多家族还是不能积善积德呢？意识使然。而意识的
培养不是一朝一夕的事。我还是讲讲亲历之事，以兹说明。

2016 年至 2021 年，我数次到著名史学大师钱穆先生的祖
宅参学。在钱穆先生祖宅的说明文字中，我读到这样一段话，
大意是：以钱穆出生的房间为圆心，半径五百米之内，钱氏家
族出了三个院士。如著名科学家钱伟长就是钱穆先生的侄子。
在这么一处小小的宅院中，如此频繁地出现世界级的人文和科

技大家，在世界范围内都极其罕见。在那次参学之前，我已读过钱氏家族的祖训，自以为了解了这个家族传承的德行。但当我身临其境时，还是被钱先生家族的点滴小事深深震撼。

钱家祖训中有两条传承千年的说法：一是"家富提携宗族，置义塾与公田；岁饥赈济亲朋，筹仁浆与义粟"，二是"兴启蒙之义塾，设积谷之社仓"。这些说法和范仲淹家族的家训如出一辙，我们来看细节。

钱穆十二岁时，父亲去世。族人提出请钱母按照惯例领取义庄之抚恤。钱母推辞不受，族人劝说道："义庄抚养孤寡，乃符合列祖列宗遗意。且五世同堂一门，孤寡受抚恤者何限。二嫂独不受，此诸家怀念往昔，何以自安。"（《先母杂忆》）靠着义庄的救济，钱穆一家不仅能保证温饱，钱穆和兄长钱挚还能继续完成学业。几年后，钱挚从常州学成回到家乡，担任新创立的小学的校长。当时，钱穆还未成年，钱母向族人提出不再领取义庄救济。族人说，钱穆还未成年，按族规仍可领取。钱母却说，长子已经能领取薪水，一家老小可以凭借长子的薪水过活，节俭度日即可。族人反复劝说未果，遂接受钱母的提议。钱穆先生在《先母杂忆》中这样回忆自己的母亲：

先母不识字，十六岁来归。余幼小初有知识，即侧闻先母与先姊先兄之日常相语。及后知识渐开,乃知先母凡与子女言,绝非教诲,更无斥责,只是闲话家常。其话家常,则必及先祖母先父,必以先祖母先父为主,乃牵连及于宗族乡党间事。故其语语皆若琐事,若闲谈,而实语语皆教诲,皆有一中心……

一个孩子能够被有德行的母亲护持,实在是莫大的福分!

◆读书铸就世家传承之基

古代的读书世家首重择师,择师首重德行。中国人,尤其是高门大族,对老师的要求可以从中国人特有的说法中看出来。"天地尊亲师"的思想发端于《国语》,形成于《荀子》。东汉期间,在《太平经》中出现了"天地君父师"的说法。

天地是万物之本,君是一国之主,父母双亲有养育之恩,这两者的重要性不需多言。而"师"这一角色,既无尊位,又无血缘关系,却位列其中;这是因为对学生而言,老师是培育学生慧命的关键,关乎学生智慧与德行的提升。所以民间常说:"一日为师,终身为父。"将"师"的角色提到如此高度,那自然对"师"的要求也很高。

清代名将年羹尧和私塾先生的故事很能说明这一点。年羹尧自幼顽劣无比,又熟悉武艺,打跑了好几位老师。后来,年父好不容易请到一位文武双全的老先生来教年羹尧。年羹尧觉得老先生文质彬彬，于是故技重施打老师，没料到几次三番均不得逞，甚至连老师的身形都看不清。这下子年羹尧被老师降服了，老老实实跟着老师学文习武。可惜的是，年羹尧学业刚有起色，老先生就有事离开了年家。即便如此，年羹尧也已经打好文武双修的底子，后来成为一代名将。深知自己得益于明师，年羹尧对于师生关系的理解与众不同。他在家中挂过一副对联："不敬师尊，天诛地灭；误人子弟，男盗女娼。"话虽严苛不近人情，其中尊师重教的道理却得到他的认同。

古代世家讲读书，按照重要性排序，择师第一，选书第二，读法第三。

关于选书，古人如苏轼、王安石，近人如钱穆、梁启超、王国维都有详尽的论述，有心的读者可以自行去查阅学习。在此，我简要谈一下读书的两种方法。

第一种读法由苏轼首创，名为"八面受敌"。

关于"八面受敌读书法"，苏轼曾说："当如入海，百货皆有。人之精力，不能兼收尽取，但得其所估求者尔。故愿学者每次作一意求之。如欲求古今兴亡治乱，圣贤作用，且只作此意求之，勿生余念。又别作一次求事迹文物之类，亦如之。他皆放此。若学成，八面受敌，与涉猎者不可同日而语。"天下书

◆苏轼雕像

籍无穷，人的精力有限，只能按照自己的需要来读。在阅读经典书籍时，应该每次选择一个角度，深入阅读并理解，然后再选择另一个角度，逐步深入，直至全面理解整本书。因此，我们应该层层递进，步步深入，才能真正读透整本书。苏轼说自己读《汉书》的时候，"盖数过而始尽之。如治道、人物、地理、官制、兵法、货财之类，每一过博求一事，不待数过而事事精核矣"（《田居乙记》）。以我实践过的体会来看，"八面受敌"是精读妙法，能把经典著作从各个角度一一研读透彻。

第二种读书法更有意思。清末时期的东北民间有个说法，叫作"读书不如读人，读人不如读己"。这句话的内涵很深。"读书不如读人"，不是说不读书，是说在我们"读人"的功夫不到的时候，还是要老实读书。不论"读书"还是"读人"都是为了做人做事。生活中，很多人读死书，死读书，没有做事的灵活性和做人的方法，很可怕。"读人不如读己"是因为人很难自知，看别人容易，看自己很难。

其实，"读己"也是一种读书。按照禅宗的说法，我们每一个人都是"无字天书"。大部分人对自己一生的来龙去脉都不清楚。如果我们的修养到了，智慧到了，我们把自己读清楚了，也就把世界读清楚了，做人做事也就有把握了。

最后，我以南怀瑾先生信奉的一句话作为结语："仗剑需交天下士，黄金多买百城书。"（《南怀瑾选集》）这是我心中世家精神传承的最好写照。

作 者

三峰，创新创业导师，世界前 500 强企业亚太区市场负责人，私董会教练，多家企业创始人，连续创业者。在逾二十年的职业生涯中，曾经负责多家世界 500 强／国内上市公司的市场运营。熟悉中国企业家群体，擅长用东方心性学问、易学、阳明学融合现代商业思维，锻造企业高层心智提升模式，提升企业家思维与决策境界。

影响世界的道商管理哲学

——两把秤与三原则

熊 辉

在中国乃至全世界，道商是极其神奇的存在。当今时代，伟大的企业家几乎都与道商这个身份有些关系，很多杰出的企业家也曾表达过自己对成为道商的向往。道商和其他所有商人一样，利用杆秤诚信经营；但道商与儒商等其他商人大不相同的是，他们还有第二把杆秤。这第二把杆秤让道商成为古今中外商业界中他人难以企及之巨擘。

◆杆秤蕴含的道德

在中国，到春秋晚期，天平与砝码的制造技术已经相当精湛。当时的天平以竹片做横梁，以丝线为提纽，两端各悬一铜盘。但因天平称重物比较麻烦，后来改进为"铨"。《说文·金部》

◆秤

曰："铨，衡也。"《广雅·释器》曰："称谓之铨。"可见，铨就是后世的杆秤。杆秤是人类发明的各种衡器中历史最悠久者之一。在湖南长沙东郊楚墓出土的公元前700年前的文物中，已有各种精制之砝码、秤杆、秤盘及丝线、提绳等。此外，在中国汉墓出土的2200年前的文物中，已有各种规格的杆秤砣。1989年，在陕西省眉县常兴镇尧上村的一座汉代单窑砖墓中，一件完整的木质杆秤遗物被发现，其制作时间约在公元前1世纪至公元1世纪之间。

　　杆秤与天平的截然不同之处在于,杆秤为儒家"中庸之道"和道家"四两拨千斤"的绝佳体现。古希腊哲学家认为"中"必须不偏不倚,绝对地居中,因此他们只用天平与砝码。而中国古代的中庸之道虽然也认为应该不偏不倚,但在实际应用中却往往遵循"中庸不可能也"(《中庸》)。

　　杆秤之"中"就在秤毫(杆秤上手提的部分,多用绳子或皮条制成)之处。后世为了使杆秤能称量重物,通常将秤毫改用铁丝制成。秤毫一般距离杆秤的称物端很近,称物端的下方有一个挂钩或托盘,用来挂托待称重之物;另一端用秤砣压着,移动秤砣使秤杆平衡,然后从秤星上读出重量。小时候在我的家乡,卖猪或自家杀猪时,人们都会称一下猪有多重。那时村里有一把公用的大杆秤,秤砣很重,称几百斤重的猪也没问题。小小的秤砣之所以能力压千斤或四两拨千斤,是因为力矩平衡。

　　天平是一种等臂杠杆,两端的重量一样,是公平、公正的象征。善用天平者,须一丝不苟,且"斤斤计较"。法家要求严谨,追求在法律或规则面前人人平等,因此一般法庭都有天平的标志,这也可体现出法庭对法规的要求。儒家虽然也希望严谨,但更秉承中庸之道,且明言告诫"中庸不可能也"。道家则在杆秤中贡献了"四两拨千斤"那种保持相对、适度平衡的智慧。因此，后人在使用杆秤时，通常都会"抛"一些给顾客，即让秤尾稍稍翘起，给顾客点儿便宜，以求顾客再次光顾。这种做法很可能会令使用者逐渐变得更加豁达，也符合"和气生财"的道理。所有这些礼数都是在先秦时代形成的。

道教对杆秤的贡献是后来人附会上去的。但是这种附会却又体现了中国人对道德之尊崇。杆秤在中国的起源已不可考。有的文本传说木杆秤是春秋时期鲁国工匠鲁班运用杠杆原理发明的；后来，人们根据北斗七星和南斗六星在杆秤上刻制了十三颗星花，定为十三两一斤。这个传说的前一半或许是真的，但是后一半并不可信。因为在鲁班那个时代，南斗崇拜并没有兴起。后世的传说则更凸显了民间信仰的道教——添加福禄寿三星，改成十六两一斤。有的人更愿意将这种说法归功于跟鲁班同时代的春秋末期越国大夫范蠡。后世将范蠡称为"商圣"，将十六两一斤与他关联起来，是有民间的美好愿望作为驱动的。

但真实的历史并非如此。秦始皇统一中国后，六国度量衡的不一致严重阻碍了经济发展，也扰乱了社会秩序，于是秦始皇决定，统一度量衡。十六两一斤的衡量制度是由负责执行的官员李斯制定的。

十六两一斤的衡量制度的出现，加上汉朝以后道教的崛

◆秦国青铜量（中国国家博物馆文物）

起，再经过民间数百年的附会之后，杆秤蕴含的道教思想就完全成形了，具体如下：

7（北斗七星）+6（南斗六星）+3（福禄寿三星）=16（两）

其中折射出了道家的"损益"法则：做买卖要讲诚信，否则，缺一两则缺福，缺二两再少禄，缺三两就要折寿了。

◆**道商手中的杆秤**

中国古代重农抑商，而这一做法带来的普遍效应就是中国民众认为"无奸不商，无商不奸"。即便是在今天，这种认知也具有一定的事实基础。2015 年，大众公司在汽车排放检测数据上动手脚一事曝光后，其销量跌到了行业平均水平的 1/16，车主从 70% 的好感变成了 80% 的无好感。类似的事件层出不穷，安永咨询公司经全球调查发现，全球各企业高管为了提高公司财务收入而纵容不道德行为的数据不断被刷新。这让人们再一次确认，即便是"具有社会责任心"的企业也可能是"奸诈"的。声誉受损会给企业带来灾难性的后果，对此企业高管都是心知肚明的，但为了有一个漂亮的财务报告，他们仍旧铤而走险，采取不道德的"权宜之计"。

当代著名的美国社会心理学家、全球知名的说服术与影响力研究权威罗伯特·B.西奥迪尼在其著作《先发影响力》的第十二章介绍了霍尼韦尔公司前董事长埃德森·斯潘塞对不诚信的企业高管的看法。埃德森·斯潘塞基于科学研究所得出的数据，向商界提出警告说：

在正确和权宜之计之间走钢丝的商人应该牢记，建立良好的企业声誉要花数十年，但只需一次不当之举，就可在一夜之间把好声誉破坏殆尽。

司马迁在《史记·货殖列传》中说：

天下熙熙，皆为利来；天下壤壤，皆为利往。

有鉴于此，中国人为了促使商人向符合道德的方向发展，不断地为商人们树立名垂千古的典范，希望商人们能够效仿他们诚信经商。

儒商以"温、良、恭、俭、让"和"仁、义、礼、智、信"作为处世与为人的宗旨，被树立为榜样之一。儒商在追求获利的同时，也奉行"君子爱财，取之有道"的行为准则。不少商人是由读书人转变而来，也有不少商人是在与读书人打交道、做交易的过程中成长起来的，因此，儒商在社会上被广泛认可。

道商被认为是道家哲学在商业领域的践行者，他们秉承《道德经》等道家经典的思想与精神，铁肩担道义。他们"有之以为利，无之以为用"（《道德经》第十一章）；"执左契，而不责于人"（《道德经》第七十九章）；"为而不恃，功成而弗居"（《道德经》第二章）。在太平盛世，他们稳稳当当地做生意，即便成为巨商大贾，看起来仍旧普普通通，也仍旧坚持诚信经商；而在乱世，他们则广济百姓，即便散尽家财也在所不惜。

道商总是让手中的杆秤稍微翘起一些，稍微增益一些给买家，这样人人脸上都洋溢着幸福的笑容 —— 似乎人们的福气都增加了，人们都变得有禄、有高寿了。这实际上也体现出《易经》第六十二卦"雷山小过"之思想：小小地过一点头，就可以"小者过而亨也"，或许也像"均值"从 0.5 变成 0.618（黄金分割数近似值）那样令人赏心悦目。这种"小过"所带来的效应，为商人们赢得了客户如潮的好评，也为商人们带来了诚实守信的良好声誉，因此这种做法迅速广泛地风行开来。与此不同的是，法家那样严谨的天平，只在高精度的领域里使用。

在很多伟大的企业家和社会学家眼里，道商手中还有第二把杆秤，那就是老子的《道德经》。

2003 年 9 月，法国阿尔斯通集团宣布，由水电业务销售高级副总裁安南·博格接任阿尔斯通中国区总裁。阿尔斯通是全球轨道交通、电力设备和电力传输基础设施领域的领先企业，以创新环保的技术而闻名。企业的业务足迹遍布全球七十多个国家和地区，员工总数近十万名。接到这一任命，博格非常高兴，他认为"中国是人一辈子必须去一次的国度"。他公开宣扬"在中国做生意，要懂《道德经》"。为了了解中国人的思维方式，以便更好地拓展中国区业务，博格专门系统地学习了《道德经》。他办公室的墙上挂着一幅用毛笔书写的大大的"气"字。博格曾对《每日经济新闻》的记者说："这个中国字我很喜欢。'气'，我喜欢它的发音，更喜欢它的含义。我知道在中国，'气'代表宇宙万物的根本，是中国功夫的力量之源。在工作中遇到困难的时候，我经常盯着这个字看，希望它可以赐予我解决问题的力量。"

美国微软的创始人比尔·盖茨则信奉"损有余而补不足"（《道德经》第七十七章），他一生乐善好施，便是一种体现。美国 GE（通用电气）公司前总裁杰克·韦尔奇则信奉"为学日益，为道日损"（《道德经》第四十八章），他推行的"简单的管理"正是在践行这一理念。芬兰诺基亚前总裁奥利拉自称以老子为师，并将《道德经》第十七章中的治国理念运用到管理企业当中去，推行"太上，下知有之 …… 功成事遂，百姓皆谓我自然"的理念。而日本松下电器创始人松下幸之助则在日本松下公司花园里建了一尊老子的铜像，铜像下面的石座上用中文刻着《道德经》的第一句话："道可道，非常道。"

在中国，马云的理想是成为一名受人认可的道商。被称为"香港楼神、亚洲股神"的李兆基也认为，自己经营的秘诀就是"右手常拿《道德经》"。这种企业家还有很多，在此不再赘述。

杆秤是有形有质之物，因此可以被迅速推广。杆秤向哪个方向翘起，则可以明显地看出商人的本质 —— 是损人利己还是损己利人。相比之下，《道德经》虽然也是有形有质的，但其蕴含的思想则是超越时空的，也是无比深邃的。因此《道德经》能影响更多有更大胸怀、更高修养的企业家。

◆世人眼中的道商

世人眼中最早、最出名的道商，当数陶朱公范蠡。

范蠡原本是楚国宛地（今河南省南阳市）人，但后来去了差点儿被吴王夫差灭掉的越国。根据《史记》卷四十一《越王勾践世家》记载，为了帮助越王勾践复国，范蠡"既苦身力，与勾践深谋二十余年"，终于一举灭了吴国。鉴于范蠡功劳甚大，越王勾践跟范蠡说"孤将与子分国而有之"，也就是要跟范蠡分国而治。但范蠡看清越王勾践是个可共患难但不可同富贵之人，于是散尽家财，只带了点儿随身盘缠便"自与其私徒属乘舟浮海以行"。然后范蠡从海路去了齐国，并改头换面，给自己取了个很奇怪的名字，叫作"鸱夷子皮"。范蠡父子俩勠力同心，在海畔治产，诚信经营，很快便发家致富，不久后还在齐国担任了宰相。范蠡觉得自己久受尊名，恐怕不吉祥，于是辞官散财，只带着有限的宝物，从小路去了一个叫陶的地方，更名为"陶朱公"。范蠡父子在陶地种田放牧，同时做一些倒买倒卖的生意，诚信经营，很快又积累了巨万家资。于是"陶朱公"这个名号又开始闻名起来。

《史记》有言："故范蠡三徙，成名于天下。"范蠡三次迁徙（而且都改名换姓），看起来都是做一些苦力活。例如去齐国是"耕于海畔，苦身戮力，父子治产"，去陶地是"父子耕畜"。这都表明了范蠡父子能在艰苦的环境中创业并诚信经营，因此最终都能"成名于天下"。所以，《史记》称赞范蠡"非苟去而已，所止必成名"。也就是说，他不管去哪里都不是为了苟且偷生，而是能凭借自己的智慧、勤劳和诚信而功成名就。

范蠡之所以两千多年来始终被奉为道商的巅峰人物，是因为他从来不贪恋世俗权利和财物。他曾经从楚国去越国，第一次散尽家财，历尽艰辛最终功成名就；第二次散尽家财去了齐国，辛勤劳动后成为巨富，还当上了宰相；第三次散尽家财去了陶地，一边种田、放牧，一边在倒买倒卖中赚取十分之一的利润，很快又成了巨富。

对比当代伟大的企业家，我们或许会发现，范蠡是无法超越的。以雄霸全球富豪榜多年的比尔·盖茨为例，尽管他乐善好施，也曾捐出数以千亿计的资财，但这仍然是建立在其雄厚的资产基础之上的，算不得是"散尽家财"。其他乐善好施的道商型企业家大概都是如此。

不过在任何时代，人们从来都没有要求道商"散尽家财"，或者说没有把"散尽家财"作为道商的衡量标准。在世人的眼里，道商是有"道德"的商人，而这个"道德"是符合《道德经》的旨意的。更确切地说，自古以来，人们始终坚定地相信，道是天地法则，德是人心指向。

道德的内容，最重要的是遵从天地之间的时机并了解人心向背，也就是与时偕行的同时要有人人认可的德行。《道德经》第十六章中有言："不知常，妄作凶。"这就说明了明白天地之间的常理并应运而作的重要性。孔子在《周易》"山泽损卦"和"风雷益卦"的象辞中告诫世人要与时偕行，即：

> 损刚益柔有时，损益盈虚，与时偕行。
> 凡益之道，与时偕行。

这说明不管是散尽家财（损）还是积蓄财物（益），都需要遵从天运和时机，这就叫作随时或随机。因此，孔子在"泽雷随卦"中感慨道："随时之义大矣哉！"此处需要说明的是，孔子本人既是儒家的创始人，也是法家（无法不成礼）、纵横家（周游列国）的肇始者，更是道家的追随者（问道于老子）。有鉴于此，要想成为道商，第一条原则就是遵从天道：与时偕行，损益随机。

在人的德行当中，仁、义、礼、智、信被认为是极端重要的。前四者属于"为学日益"的部分，因为过于耗费心思，所以在跟他人打交道或经商时，道家的追随者是谨慎使用的。《道德经》中崇尚"太上"之"仁"，因此认为"天地不仁，以万物为刍狗；圣人不仁，以百姓为刍狗"（《道德经》第五章）。唯有第五种德行——"信"，被道家认为是必须遵守的。它属于"为道日损"的部分，越讲诚信的人越不用心计，越不花心思，甚至根本就不用费心。诚信这种品质，即便在现代心理学中也是备受推崇的。现代心理学的调查表明，绝大多数人最讨厌的品质是虚伪，最喜欢的品质是诚信。这说明中国自古以来就把"做人要地道""讲公道""童叟无欺"等诚信准则奉为圭臬是有深刻的文化心理学意义的。有鉴于此，要想成为道商，第二条原则就是遵从地道：诚信经营，公道无欺。

然而大家都知道，机会是留给有准备的人的。不管是范蠡、马云还是比尔·盖茨，他们的智慧、勤劳和坚持不懈，都为他们把握好时代所给予的机会打下了坚实的基础。马云在打造出蚂蚁金融之前，在多年的走门串巷中受尽了白眼和取笑，但他没有放弃；比尔·盖茨在开创微软之前，已经完成了一万小时的编程训练，把自己锤炼成了系统操作领域最杰出的专家与先驱。虽然他们在创业之时饱受艰辛，但是在功成名就之后，他们既能锐意进取，也可以兼济天下。有鉴于此，要想成为道商，第三条原则就是遵从人道：勤勉不懈，兼济天下。

作　者

　　熊辉，中国科技大学数学博士，澳门城市大学心理学兼职教授、博士生导师，教育部骨干青年教师，临观心理创始人。主要从事中国文化心理学的研究。

中国家庭的建设与家国责任的践行

——从中国家庭制度演变史的角度出发

朱建安

　　随着年龄的增长,国内的创富人群开始思考如何保富和传富的问题。传承的焦虑具有一定的传染性,让不少原本活在当下的人也开始为子孙后代考虑。"生前不管身后事,浪得几日是几日"只适合"一人吃饱,全家不饿"的单身生活,在儒家文化里,这种思想有违父亲或者母亲的职责。家庭保险与家族信托的硬工具、家庭教育与家族宪章的软规划都是为了对抗"富不过三代"的魔咒。创造财富和传承财富都是以家庭为单位的。习近平总书记指出:"不论时代发生多大变化,不论生活格局发生多大变化,我们都要重视家庭建设。"家庭是社会的细胞,家庭组织是社会结构的基础。家庭以姻缘和血缘为纽带,渗透到基层社会的政治、经济和文化中。可以说,不了解中国家庭,

◆中国传统书法字"家"

就无法理解有别于西方的中国政治、经济与文化。对祖先的崇拜和对子嗣的关注，是中国人极为重要的观念。一个传统的中国人看见自己的祖先、自己、自己的子孙的血脉在流动，就有生命之流永恒不息之感。①

　　家庭是联结个人与社会的关键一环。中国人一直都有"修齐治平"的家国传统。如何调整家庭规模和家庭结构以适应

① 葛兆光.中国思想史（第一卷）[M].上海：复旦大学出版社,2001.

呼之欲出的政策手段，以及如何践行家与国的责任以履行父母责任、实现财富传承，是当下高净值群体以及财富管理专业人士必须直面的重要课题。从家庭演化的历史可以发现，国家改造、经济发展和文化传承是促进家庭制度变迁的重要动力。①

◆ 从封土建国的宗法制到编户齐民的户籍制度

西周的贵族阶层是一个血缘亲属关系复杂、人口众多、以宗法制组织的宗族集团。《左传·桓公二年》引用了深谙礼仪的春秋时期著名乐师师服的本末之论来介绍宗法体系："天子建国，诸侯立家，卿置侧室，大夫有贰宗，士有隶子弟。"天子选择嫡长子为下一代天子，将自己的其他孩子封为诸侯；诸侯选择嫡长子为下一代诸侯，让自己的其他孩子为各个采邑的卿大夫。卿大夫的嫡长子与次子也有区别，次子只为贰宗官。"大夫食邑，士食田"。士出身贵族，但无家臣，唯有禄田，只能役使其子弟。天子是"天下之君"，诸侯是"国之君"，大夫是"家之君"。所谓大宗为本，小宗为末，"本大而末小，是以能固"。

---

① GOODE W J. World revolution and family patterns[M]. New York: Free Press, 1963.

◆老北京一角

分封制度下，天下各地分属于各自拥有实权的受封者，天子、诸侯、卿大夫都是有土之君，本都是一家人，因此国、地区、家只是相对独立。在这种贵族社会里，规模更小的核心家庭不具有独立性，只是埋没在宗族体系中。[1]宗族共同体才是社会上层最根本的组织形式，宗法制度起到稳定贵族内部秩序的作用。从天子到士，形成了等级森严、尊卑有序的贵族特权体系。

西周的社会底层是大量"持手而食者"，也就是靠双手劳

---

① 张金光 . 商鞅变法后秦的家庭制度 [J]. 历史研究 ,1988(6):74-90.

动才能有饭吃的百姓。他们没有资格建立宗庙祭祀祖先。"庶人、工、商，各有分亲，皆有等衰"，意味着在社会上仍然有"分亲"的做法，也就是要区分嫡庶亲疏，让各自都有大小不同的等级。如此，百姓才肯侍奉长上，身居下位的人也不能有非分的念头。贵族与底层看似阶层分明，但因为贵族有等级，社会底层也有亲疏，所以周朝社会上上下下形成一个社会等级体系。

西周的社会等级体系在后来的的礼崩乐坏中开始瓦解。天子失去权威，无法约束诸侯；诸侯僭越，使用天子礼制；卿大夫弑君或篡权自立者屡见不鲜；底层平民开始不守信义，伦理道德日渐败坏。春秋战国时期人口流动加大，小家庭在经济上获得空前的独立。政治动荡，世官世禄消亡，宗子败落，非但无收族之力，自身也难以为继。西周的宗法制虽然衰败，但是在之后的历朝历代仍然能看到宗法制的不少痕迹。首先，皇家是宗法制保留最多的家族；其次，重要时刻的民间祭祀也保留了大小宗的礼仪。

与宗法大家族衰败相对应的是家户制度的兴盛。一个家庭、一户人是基本的生产和消费单位，也是赋税兵役的来源。"编户齐民"的户籍制度是春秋战国之后中华大地上历朝历代对基层百姓实施管理的基本制度。家（family）与户（household）

严格说来是不同的。"家"是会意兼形声字，有"屋"与"豕"的象形，也有"豭"（jiā）的读音，强调共同生活的一批人因血缘和婚姻而同居、合炊、共财。[1][2]同居意味着放弃很多人身隐私权利，在有限的空间内你中有我，我中有你，人际边界模糊；合炊增进了彼此融合；共财更是意味着经济共同体的形成。如果说"家"是社会的最小单位，那么"户"就是行政的最小单位。户常用于征兵、缴税和摊派徭役。因为户的历史记录丰富，能够追索家的结构，所以学术界经常将家、户放在一起讨论。研究家庭不仅仅是关注家庭的人口规模，更要看家庭结构，即代际结构和血缘结构。[3]中国社会的民间家庭经历了汉型 — 唐型 — 宋型的演化路径。宋型又称为"汉唐混合型"或者"折中型"，作为基本的家庭结构稳定下来，直到明清时期。

◆汉型民间小家庭模式

为了稳定兵源，战国时期各诸侯国都提倡百姓早婚以便增加人口。为了稳定税源，商鞅力促秦孝公在基层民众中推

① FEI X. Peasant life in China[M]. London: Routledge,1939.
② COHEN M L. House united, house divided: the Chinese family in Taiwan[M]. New York: Columbia University Press, 1976.
③ 邢铁.试论"宋型家庭"[J].河北师范大学学报(哲学社会科学版),2003(6):126-132.

行小家庭模式。秦国的分户令规定"民有二男以上不分异者，倍其赋"。《汉书·贾谊传》讲到"家富子壮则出分，家贫子壮则出赘"，这意味着在当时的社会，父母鲜有与已成年子女共同生活的。在社会学上，父母与未成年子女组成的家庭称为"核心家庭"。贾谊对商鞅的这个制度以及后来的分家习俗持批评态度，因为这个制度会导致年迈的祖父母无所依靠。汉武帝外儒内法，以孝治天下，以法令干预"老无所养"的现象，社会上三代的大家庭又有所增加。学术界将在战国时期开始演化，历经秦时期，成熟于汉时期的核心家庭结构称为"汉型家庭"①。这类家庭具有包含年迈父母在内的三代人，大约只有五口规模。

"诸子均分"规则在战国时期陆续在各诸侯国兴起，是一种与宗法制融合的安排。长子继承世袭爵位、宗室身份，而家中的财产、土地会被析产均分。汉武帝的"推恩令"作用很大：诸侯推私恩分封子弟为列侯。此令名义上是在施德惠，其实是在剖分各诸侯国。作为没有爵位的普通人家，其田宅及财物由众多儿子均分，家里的嫡庶排序更多是祭祀时的象征意义。富可敌国的豪强的资产被子孙后代越分越小，自然无法与中央抗

---

① 汉型家庭采用了"汉"朝的名，以区别于唐型家庭、宋型家庭。三种类型的家庭都不与断代史完全一致。

衡,这样皇帝所委派的郡县长官才能代理统治。皇族的小宗分支在传承多代后也变得式微,举个例子:刘备是中山靖王刘胜的第十七代玄孙。刘胜是汉武帝刘彻的亲哥,也是汉武帝时期的诸侯王。可刘胜这一宗族分支随着代代分家,到刘备这一代只能织席贩履为生。秦汉时期,统治者出于基层治理的需要,将核心家庭"户"而非宗族变成了直接隶属于国家政权的基本单位。如果说周代的宗法制与封建制相契合,那么诸子析产后的民间小家庭模式就与中央集权的君主制相配套。

◆ 魏晋南北朝的豪强大家

从东汉末年到魏晋南北朝,中华大地上演了一出出皇权争夺的戏码,你方唱罢我登场,"皇帝轮流做,明年到我家"。与中央集权衰落相对应的是相当数量的士族门阀和官僚世家的崛起。这些"千丁共籍""百室合户"的特大型家庭不仅仅是为了保境安民,有的明显展示出冲击皇位的实力和野心。但细看这些豪强大户,是百千个核心家庭依附于大姓豪强,看似合户,其实各家仍然独立。他们或者是为了摆脱基层官府的徭役摊派,或者是为了与官绅合户后获得免税的优惠。当时社会中流传着这样的民谣:"举秀才,不知书。举孝廉,父别居。"社会上有很多家庭,祖孙三代虽为一户,但祖父母并未得到赡养,也就是这一户并无同吃同住、共享财产的家庭之实。门阀士族的兴起是中央集权旁落的产物。

宇文泰、元欣、李虎、李弼、于谨、独孤信、赵贵、侯莫陈崇八人是西魏时期最显赫的八大家族各自的领袖，为"八柱国"。宇文泰统领众人，元欣属于皇族宗室的代表，剩下的六人再各自统领两位大将军，即府兵制下的"十二大将军"。"八柱国"之一的独孤信将长女嫁给宇文泰的庶长子宇文毓（宇文毓是北周第二任皇帝）；将四女嫁给李虎的儿子李昞后，四女生下李渊（李渊开创了唐朝）；将小女儿嫁给杨忠的儿子杨坚（杨坚开创了隋朝）。无论是"八柱国"还是"十二大将军"，他们之间不仅互相联姻，还互相提防和倾轧，导致善终者寥寥。

◆ 大家大户的唐型家庭

隋末战事不断，人口凋零。唐初李氏深谙民本思想，以清静无为来抚民、安民，培植国力，抓住养老问题这个"牛鼻子"，以实现鼓励婚育、休养生息的目的。"贞观之治""开元盛世"的盛唐对百姓赡养老人有激励的措施。国家给年老之人免除赋税、赐予田地，还配予仆人，或是给老人赏赐财物、封官晋爵。盛唐对不赡养老人的行为还有惩罚机制。《唐律》规定，"祖父母、父母在，而子孙别籍、异财者，徒三年"，另外注解有

"别籍、异财不相须"。这意味着别籍与异财是"或"的关系，只要分户或分拆财产，皆可判三年徒刑。当时还规定祖父母不得强命分户，祖父母斩衰丧期之内也不准分家。唐型家庭祖孙三代的直系家庭是主流，处于核心位置的是祖辈，第二代的众多男丁即便成婚仍要聚族而居，全家将继续共享财产。这样社会中出现了家庭人口规模的扩大，当时家庭的人口平均有十口之多。唐型家庭并非只有父母与多个已完婚的儿子、儿媳住在一起的直系家庭，还有父母与一个已完婚的儿子、儿媳住在一起的主干家庭，以及父母去世后已婚诸子仍然居住在一起的联合家庭。鼓励家庭形成大家大户，体现了盛唐的开放和包容。这可能也与李氏有部分游牧民族血统相关。部落与家族要比单个核心家庭更能守望相助幸存下来。

　　唐型家庭不仅人口多、细分类型多，人际关系也更复杂。跟英文相比，汉语里清晰区分亲属关系的词语非常丰富。在英语中，单词"cousin"对应的汉语有"堂兄""堂弟""堂姐""堂妹""表兄""表弟""表姐""表妹"八个词语；单词"uncle"对应的汉语有"叔叔""伯伯""舅舅""姑父"等词语。中国人显然认为这样的区分有意义。以祖父母为核心的三代家庭，因为"一家子"的利益共同体关系，决定了"堂"兄弟姐妹的关系要比"表"兄弟姐妹更加亲密。这是父权社会的典型特征。有一种民间的说法将同父异母的兄弟称为"隔山兄弟",将同母异父的兄弟称为"隔水兄弟"。在分析同父异母的兄弟与同母异父的兄弟哪种关系更加具有亲密性的时候,不同的视角给出了不一样的回答。从基因的角度来看,父母各占一半染色体,两类兄弟在生物学上没有区别。从养育的角度来看,因为男主外、女主内,有着同一位母亲的养育,同母异父兄弟可能更加亲密。从社会学角度看,只有同父异母才有共财的纽带,表现为利益共同体和更频繁的交往关系。从文化的角度看,传统社会将父亲遗传的精气比为种子,将母亲提供的营养比作土壤。相同的种子在不同的园子里长出的东西都一样,不同的种子在同一个园子里长出的是不一样的作物。举例来说,豆沙汤圆与芝麻汤圆的区别就是那个芯。这就意味着同父异母的兄弟更亲近。

唐型家庭兴盛的时间并不长。这种家庭模式从安史之乱开始就难以为继。兵荒马乱,经济凋敝,军事开支大,苛捐杂税只增不减,地方官员摊派现籍,使原本已经人口流离的家户更加难以承受。大量的逃户现象出现,家户规模自然变小。正如杜甫在《石壕吏》中记录的那位老妇,她的三个儿子都已经上了战场,"二男新战死"后,官吏还要来抓捕老翁做兵丁,"室中更无人,惟有乳下孙"。

唐型家庭持续的时间较短,还跟唐德宗年间推行两税法有关。该法将以征收谷物、布匹等实物为主的"租庸调"改为征收金钱。以往的税法以人丁为依据，但如今两税法以家户为单位实施，"户无主客，以见居为簿；人无丁中，以贫富为差"。地方官员不再区分家户是本地户还是外地户，只要在当地有财产、土地，就要上籍征税。税率的大小按照家户的贫富来定。户内成员贪便宜、怕吃亏的心态加剧了家庭内的矛盾，导致分家的现象屡见不鲜。各家户中的旁系血亲都减少了，只剩下直系亲属。

◆ 折中的宋型家庭

宋型家庭更像是汉型与唐型的折中。这种模式稳定，一直延续到元明清时期。宋朝时期的户均人口回到了东汉水平。家中已婚兄弟同居共财的很少，置年迈父母于不顾的核心家庭也不多。首先，宋型家庭与唐型家庭在三代同堂方面没有区别，差异在于宋型家庭的重心在于壮年夫妇，而唐型家庭的重心在于老年父母。其次，宋型家庭通过分家析产来逐步减少家庭人口。分家的方式会影响家庭结构。第一种分家方式是一次性析产，即父母去世以后，兄弟一次性分家。这意味着在父母去世之前，该户是一种典型的唐型直系家庭。第二种分家方式是多次析产，孩子成婚一个就析产一次，父母一直和未成年的孩

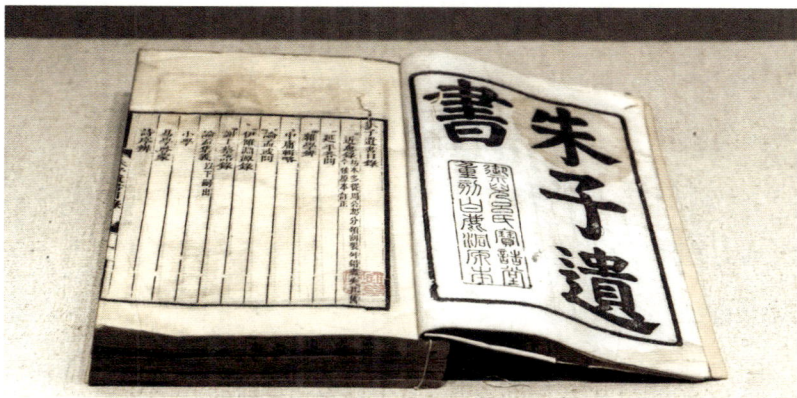

◆《朱子遗书》

子组成核心家庭，直到所有孩子都成婚。父母往往与最小的儿子同居共财。也有的家庭是小儿子也要析产另过，父母成为只剩养老田宅的"空巢老人"。父母去世后，众兄弟再进行最后一次析产。父母去世前，如果父母已经无力耕种并且生活起居需要服侍，就到儿子家寄养。这样的家庭看似是主干家庭，但户主是正值壮年的儿子。宋型家庭模式就是多次析产继承模式，先是父母与未成年孩子组成核心家庭，之后是父母与成婚的壮年儿子组成主干家庭。宋型家庭有唐型家庭的印记，也有汉型核心家庭的影子。

户等制是推动宋型家庭人口规模下降的又一重要原因。户等制是从魏晋南北朝开始实施，经多朝沿袭并在宋时成熟的户籍制度。国家将居民户按照资产分成三六九等，便于按等级征派赋役，也便于灾年时按照户等高低给予税收减免，有时对下户直接赈灾。土地集中后的那些地主富户按理应该属于上户，但他们以多种"诡名"隐瞒财产逃避官府税役。比如他们会通过"诡名子户"的方式将自家的土地分散到许多户头，降低了自己的户数；还会通过"诡名寄产"，假称自己已经将土地献纳于寺庙，免于征税；还有的以"诡名挟佃"的方法假立契约，诡称自己已经典卖地产成了佃户，以逃避职役。富户作假的积极性最高，但那是非法的。也有合法的，那就是家大业大时直接分家，小家小户的户等自然降低了。

宋代家庭的规模减小，同时宗族得以发展，地方宗族与赵氏皇权并行不悖。南宋吕祖谦提倡宗族重建运动，范仲淹、欧阳修、苏东坡等人提倡族田、义学、族谱、祠堂等宗族组织形式。秦汉以来，强宗豪族被强令分居、迁徙。从宋朝开始，宗法制度再次中兴。家法、家规以及物化的家族祠堂发挥着敬宗收族的功能。"敬宗"是通过家族祭祀凝聚人心；"收族"则是通过家族内的互助构建安全网，惠及穷困者。直到现在，宗族传统仍然是中国农村生产和生活资料配置的重要因素。①

---

① 贺雪峰，仝志辉.论村庄社会关联——兼论村庄秩序的社会基础[J].中国社会科学，2002(3):124-134;207.

关于父母在世时兄弟能否分居别籍，从宋朝开始，就出现了从禁止到允许的演变。孝道文化一直反对兄弟分家，因为那意味着对年迈父母的供养会减少。宋朝的制度在很大程度上沿袭了唐朝，规定"徒三年"。但在实际操作中，若父母同意分家，宋、元时期就不再对分户的儿子进行杖责。《大明律》直接规定，但凡祖父母、父母状告子孙别立户籍、分异财产的，杖一百。如果没有状告，官府干脆就民不举官不究了。《大清律例》关于分家的条例直接规定："父母许令分析者，听。"分家已经成为风气。

著名的农业经济学家、民国时期曾经任职于金陵大学的卜凯教授的乡村调研数据显示，当时的中国农村家庭以三到六口为主，即多数是核心家庭和祖父母在世时的主干家庭。父母在世，第二代兄弟婚后仍然同居的直系家庭大约占一成。如果父母离世，兄弟还能同居的少之又少。[①]

《红楼梦》里的贾母史太君在世时，儿子贾赦、贾政即便当了爷爷，也都没有分家。具体掌管荣国府各种进项与开支的先是贾母，然后贾母在两个儿媳妇中选中了王夫人，王夫人掌管几年之后又交棒给了邢夫人的儿媳妇、王夫人的侄女王熙凤。很多读者认为贾母是荣国府的黏合剂，思忖着贾母去世后兄弟

---

① 卜凯.中国土地利用统计资料[M].上海：上海商务印书馆,1937.

会否分家。高鹗续写的《红楼梦》中，贾赦获罪，贾家被抄，后面自然没了兄弟分爨的故事。但凡贾母先于抄家仙逝，以兄弟嫌隙、妯娌貌合神离的状态看，这个家注定是要分的。祖先的荫庇逐代递减，元春的病逝更让共享的家族利益丧失，贾赦、贾政兄弟俩一个浪荡一个端正，自扫门前雪才不至于撕破脸皮。王熙凤的身份特殊，也是两房的黏合剂，可伶俐如她，也很难将整个大家族维持下去。

◆ **分籍析产的背后逻辑**

　　多子多福、四世同堂、聚集而居的大家庭是很多人的梦想，也被认为是传统中国家庭的主流模式。小说与影视作品的主人公往往是来自将相豪门的才子佳人，这强化了传统中国大家族的刻板印象。比如《红楼梦》里贾氏家族的老爷、太太、公子、小姐以及服侍他们的丫鬟、嬷嬷，人数可达千人之多。[1]学术界也有误解，认为工业化之前大家庭占主导，而工业化之后大量核心家庭出现，这是现代家庭的变革。[2]但从汉型家庭 — 唐型家庭 — 宋型家庭的演化历史可以发现，中国民间社会只有

---

　　[1]　非血亲的奴仆是否同属于一个家户？《唐律》有将奴婢"类比畜产"的说法。他们可能不是入户籍的家庭人口，而是作为家庭财产被主人家庭所有。

　　[2]　威廉·J.古德.家庭[M].魏章玲译.北京：社会科学文献出版社，1986.

盛唐时期大量出现过已婚兄弟还同居、合炊、共财的现象。东汉末期到魏晋南北朝时期出现了千丁共籍的现象，也不过是核心家庭依附豪强大家以自保的大家庭假象。两千多年来，父母与未成年孩子组成的核心家庭、小家庭才是中国的主要家庭形态，家庭中较少有旁系兄弟的同居（即便有，也无非是未成年弟弟而已），也几乎没有母系血缘的掺杂。

中央集权的官僚政治结构、自耕农与大地主直接向国家交税的地主经济结构，以及儒家官方思想的文化结构共同构成了中国古代两千多年看似更替实为稳态的结构。①家庭在多层次和多维度的制度环境中生存，政治的、经济的、文化的制度逻辑对家庭提出不同的，甚至是冲突的要求，决定了家庭的规模、结构、功能，还共同定义了家庭的意义、价值等重要的思维和决策框架。家庭在这些内外制度的压力下选择了最优的行动逻辑。这决定了中国的家庭与西方的重要差异，也导致了从古到今的家庭制度变迁。中国家庭的变化，需要从农耕文明向工业文明跃迁的经济大发展、儒家文化传统，以及国家政权的政治目标三个方面去理解。中国古代家庭规模与家庭结构的变迁路径背后，既是中央集权下碎片化的豪强大族

---

① 金观涛，刘青峰.兴盛与危机：论中国封建社会的超稳定结构[M].长沙：湖南人民出版社，1984.

稳固统治与宣导儒家孝道文化、支持供养老人、扩大家庭规模之间的一种平衡，还是民间家户内部分与合两种力量的一种平衡。

具体来说，首先，影响家庭规模和家庭结构的有国家政权追求安全稳定的施政逻辑。在古代社会，君主为维护中央集权，限制宗族的力量，就要缩减家庭的规模，通过分家析产，让那些有可能与皇族抗衡的家族越分越小，直到成为原子式的小家庭。国家还可通过人口政策来影响家庭结构，以推动人口与家庭的"双变迁"。两千多年来，政府，尤其是中央集权下的政府一直有能力主导人口的数量，这与家庭变迁互相作用，共同影响着家庭的人口规模和家庭内部的关系。[1][2]政府主导的社会福利保障也能够发挥补缺功能，进而影响家庭。国家的税收政策往往是国家行使权力实现国家意志的体现，有来自统治安全性的考虑，还有筹集国家收入、提高税负公平性、降低征税成本、提升征收效率的考量。唐朝的两税法从按丁征税改为按户征税，在一定程度上恶化了家庭内部的矛盾，导致了分家。宋朝的户等制度看似调节了老百姓的收入分配，提升了公平性，

---

[1] 曾毅. 关于生育率下降如何影响我国家庭结构变动的探讨 [J]. 北京大学学报（哲学社会科学版），1987(4):73-86.

[2] 彭希哲，胡湛. 当代中国家庭变迁与家庭政策重构 [J]. 中国社会科学，2015(12):113-132;207.

但对富户及早分家的家庭激励更大。为了增加人口、降低税负,户等制度还起到了鼓励富裕家庭多多生育的功能。富户还会采用"诡名寄产""诡名子户"等财产"代持"方式避开赋税。政府只能回到按照土地而不是户籍征税的方式,基于户等制度的征税方式最终消亡。

其次,影响家庭规模和家庭结构的还有文化传统。中国的家庭伦理重视亲亲之情,形成了以"孝"为中心的伦理道德体系。这是一种强纵向、弱横向的人际关系。"你养我小,我养你老。"父母养育子女时尽显舐犊之爱,年老后接受赡养。为提高供养能力,多兄弟维持不分家,养老人人有份,人人参与。当然,因为不同地域的地理环境、谋生方式以及历史背景不同,所以各地的家庭制度会有不同的烙印。为何南方的宗族意识与大家族观念更强,宗祠也更多? 中国广大南方地区以种植水稻为主。种植这种作物需要长期劳动互助,这意味着集体主义意识强才能支持农业生产。而北方则以种植小麦为主。这种作物的种植不需要复杂协作,进而导致北方地区的个人意识较强。[①]有学者认为: 中国北方易遭受游牧民族的侵扰,长期受到战乱

---

① TALHELM T, ZHANG X, OISHI S, et al. Large-scale psychological differences within China explained by rice versus wheat agriculture[J]. Science, 2014,344(6184):603-608.

和少数民族文化交融的影响，因此北方的儒家传统衰退更多；反观南方将儒家传统保留得更好，也有更显著的集体主义倾向。南方人对外人和自己人的界限更清晰，对圈子内诚实的朋友慷慨，对不诚实的朋友也更宽容。[①]区域性的文化观念还会影响家庭经济组织。那些广泛种植水稻的南方省份，集体主义文化较强，那里的企业家会让更多的家庭成员参与分享企业控制权，也会将企业的所有权较多地保留在家族内部。[②]

最后，推动家庭规模和家庭结构变化的还有经济动力。在农耕文明里，从较长时间的维度看，土地与依此生产的食物是影响人口的重要因素。马尔萨斯从经济学的视角揭示了人口再生产与生活资料生产之间的不平衡。因为立场局限，他得出的对贫困、战争、疾病、瘟疫等的解决之道缺乏社会与科技进步的动态视角，广受诟病。但是在广义的维度上，"马尔萨斯陷阱"里的稀缺资源限制问题一直都会存在。大规模战乱和长期的掠夺性统治减少了人口发展所需要的资源，在明清

---

① 马欣然，任孝鹏，徐江. 中国人集体主义的南北方差异及其文化动力[J]. 心理科学进展，2016，24(10):1551-1555.

② FAN J P H, GU Q, YU X.Collectivist cultures and the emergence of family firms[J]. The Journal of Law and Economics, 2022,65 (S1): 293-325.

时期，华北村落呈现规模小、移民多、家户人口少的状况。[1]生育率水平[2]、老人的寿命与自我维持的能力[3]、退休福利制度[4]、宗族的族田义庄发挥的安全网功能[5]对家庭的影响背后都有经济因素。我国每十年进行一次全国人口普查，自 1990 年第四次到 2020 年第七次，统计数据显示户均人口数从 3.96、3.44、3.10 到 2.62 人逐次递减。中国家庭的小规模化是多种原因导致的。计划生育政策固然影响了生育率，少子化家庭养育人口的需求下降也影响了家庭总人口。但是，在 20 世纪 90 年代，我国生育率就已经较低，近些年家庭人口数量还在持续降低。工业化时代的背景下，经济社会发展引起的迁移流动以及生活方式变化是重要原因。[6]工业化吸引了具有特定素养的农村人口往城市迁徙，另一部分人口留在乡村，这导致家庭结构发生

---

① 王庆成 . 晚清华北乡村 : 历史与规模 [J]. 历史研究 ,2007(2):78-87;191.

② 郭志刚 . 关于中国家庭户变化的探讨与分析 [J]. 中国人口科学 ,2008(3):2-10;95.

③ 彭希哲 , 胡湛 . 当代中国家庭变迁与家庭政策重构 [J]. 中国社会科学 ,2015(12):113-132;207.

④ 王跃生 . 当代中国家庭结构变动分析 [J]. 中国社会科学 ,2006(1):96-108;207.

⑤ 李文治 , 江太新 . 中国宗法宗族制和族田义庄 [M]. 北京 : 社会科学文献出版社 ,2000.

⑥ 郭志刚 . 关于中国家庭户变化的探讨与分析 [J]. 中国人口科学 ,2008(3):2-10;95.

了变化。

政治、经济与文化是家户决策的背景，对家庭制度的影响也不能过分夸大。家庭呈现从传统到现代的演化，推动了政治、经济与文化的跃迁。从宏观的角度看，家庭提供新式工业所需要的劳动力，组织其成员向工业中心和大城市迁移。而家庭的核心化削弱了亲属间权利和义务的制约关系，促进了职业流动和地域流动，加速了工业化的进程。值得一提的是，在当下的中国，广大家庭仍然是传统的守护者，给家庭成员提供文化习俗和精神世界的连续感，为那些参与社会分工并因变革而有焦虑感的人提供赖以依托的温暖港湾。当传统意识形态与工业化、非人格化交易发生冲突时，家庭可以增加人精神世界的弹性，使风俗习惯能够与社会组织纪律和效率规则相容。从微观的角度看，分家析产还是聚族而居，是家庭结合内外部因素做出的理性决策。一方面，家户的主动调整是对外部制度环境的适应，表现出家庭制度的强大韧性。宋代户等制度下，百姓似乎总是迫不及待要分户，户口版籍每逢闰年就要修订。20 世纪 30 年代，东北作为中国边疆移民的迁入地，呈现家庭规模大、分家晚的特点。大量关内人口"闯关东"后，东北农村地区的家庭规模平均达到 6.6 人，显著高于全国家庭 5.3 人的平均水平。苦寒之地的外来移民为了提升抗风险能力，兄弟成婚后仍然聚族而居，形成联合家庭，此类家庭的比重高达17.5%。[①]形成鲜明对照的是苏州吴江的江村，当时联合家庭的比重只有3.3%。[②]另一方面，家户的调整还是家庭内部一系列理性决策的结果，旨在提升家庭基因的繁衍能力与家庭成员的竞争力。分与合是家庭繁衍的主基调。分有分的益处，合有合的益处。代际人口结构影响了家庭的分化与整合。[③]分家缓解了家庭矛盾，给子孙后代的独立发展留出了空间。父母在世时的分家析产仪式往往要邀请族长或者族中有名望的乡绅主持，先要保证诸子能赡养父母，其次要保证诸子能均分，不至于为了缓解矛盾而产生新的矛盾。当然，如果兄弟亲密无间不分家，避免析产的消耗，集中力量办大事，也能共同赡养老人，提高供养能力。维持共产合籍，降低了分家导致土地分散化、小家庭分化和贫富差距拉大的风险。[④]家庭规模是家庭成员权衡分与合的收益与损失的结果。

---

① 李亚婧，李楠．近代东北移民乡村社会家庭人口结构及其影响因素的考察 [J]．中国经济史研究，2021(1):132-147.

② 费孝通．三论中国家庭结构的变动 [J]．北京大学学报（哲学社会科学版），1986(3):1-5.

③ 郭志刚．关于中国家庭户变化的探讨与分析 [J]．中国人口科学，2008(3):2-10;95.

④ 郝平．晚清民国清徐县王氏家族分家析产初探 [J]．清华大学学报（哲学社会科学版），2017，32(4):79-89;192.

◆家庭现代化的再认识与中国家庭演化的趋势

家庭作为最具本源性质的中国传统，是当代社会转型和制度变迁的初始条件。[1]巴金的《激流三部曲》被赋予了打破旧制度、建设新世界的文化色彩。从家庭制度看，在很大程度上，现代化是一个"离家出走"的过程。瓦解大家庭成为对抗封建顽固力量的标志，是工业化和现代化的前提。[2]过去，在家庭的外围还有宗法制的家族。农耕文明里，部族头领、地方士绅、家族长老等内生权威参与基层治理，形成国家权力难以到达底层民众的板结社会。五四运动加速了现代化观念的形成。[3]新中国成立后，土地改革和人民公社制度有效组织了基层民众，国家政权渗透板结的土壤，在复杂且不平衡的中国，创造了社会变革的成功经验。[4]21世纪以来，国家先是取消了农业税，后又推动了乡村振兴战略，获得民众极高的认同，进一步转移了对乡土内生权威的需求，消除了乡村的板结状况，使国家政权能够渗透到社会的每个角落。

① 彭希哲,胡湛. 当代中国家庭变迁与家庭政策重构 [J]. 中国社会科学,2015(12):113-132;207.

② GLOSSER S L. Chinese visions of family and state, 1915-1953[M]. Berkeley: University of California Press, 2003.

③ 何海根. 五四运动前后：中国"现代化"观念形成的重要时期 [J]. 党政研究, 2019(3):46-53.

④ 陈军亚. 超越内卷："板结社会"与国家渗透 [J]. 社会科学, 2022(4):102-110.

从农耕文明到工业文明的现代化,是人类历史上剧烈又深远的制度变革和社会变革。家庭也展示出由传统向现代的变迁。家庭现代化理论认为,家庭核心化、亲属关系弱化、个人观念增强、部分家庭功能由社会提供等是工业革命以来的社会基本特征。家庭现代化理论在很长时间里都将大家庭瓦解、夫妇式家庭成为主体的英美西方式家庭作为家庭现代化的典范。家庭的大小一度成为测度家庭现代化程度的便捷工具。①

中国人能够适应新的生存环境和新的主导文化。中国家庭仍然保持着强大的生命力,其力量不可小觑。当下,具有亲缘关系的众多家族成员纷纷独立生活,但也没有形成孤立式的美式核心家庭;家族关系网络上各个核心家庭之间的互动肉眼可见,成为互相支持的"直系组"家庭。他们在生活单位上"分",但在关系上"合",这反而是中国的实际状态。②树立并弘扬良好家风,带动全社会崇德向善、遵纪守法,不仅仅要将家庭作为国家改善治理的手段,更要认识到家庭的作用,将家庭摆在更重要的位置,改变以往以工具主义家庭政策为支撑的整体治理模式。

---

① 唐灿.家庭现代化理论及其发展的回顾与评述[J].社会学研究,2010,25(3):199-222;246.
② 日本NHK特别节目录制组合.无缘社会[M].高培明译.上海:上海译文出版社,2014.

◆ 结语

家庭制度与家庭生命周期、居住方式、婚姻习俗以及生育制度结合在一起，并嵌入了政治、经济与文化背景当中。家庭制度的演化也在影响政治、经济和文化的变迁。习近平总书记特别关注家庭这个社会单位。千千万万家庭的好家风支撑起全社会的好风气，家庭、家教、家风建设在基层社会治理中能发挥不可替代的作用。创业家族要积极适应一次、二次、三次分配中该履行的责任，并永葆创新、创业的企业家精神，做大蛋糕，分好蛋糕。

作 者

朱建安，经济学博士，浙大城市学院教授，创业与家族企业研究中心主任，浙江大学管理学院企业家学院副院长，浙江省高校中青年学科带头人，专注于家庭制度与家族传承的研究。

知行合一

　　出生于潮汕家庭的李若雯女士分享了潮汕文化中对商人、企业家精神的独特见解。窦少杰先生以具体的商业实践案例，分享了家族企业传承的成功经验。吕埴从精神思想的层面，分享"福祸相依""守柔""处下"等道家管理智慧。

潮汕崇商文化与
商人家族的传承

——专访企业管理专家李若雯

本书编辑部

李若雯,工商管理学博士,中国工笔画学会会员,牛津大学经济研究中心首席产业研究顾问。曾于全球 500 强公司担任区域高管,现致力于东方艺术的传播。本书编辑部就典型潮汕文化背景下商人与家族传承问题专访李若雯女士。

Q1:作为潮汕籍企业家,您觉得潮汕文化中是如何理解企业家精神及商人身份的?

我认为从商在潮汕文化中是一种谋生的手段,也是实现自我价值的一种方式,或者说是人们司空见惯的选择。潮汕有着非常浓厚的从商氛围。以我成长的经历为例,基本上每家每户

◆潮州市夜景

的小朋友在过年的时候都会去摆地摊赚钱；后来我出国读书，也观察到漂洋过海的潮汕商人非常多，他们中的大多数人是为了在外面赚到钱，可以回家光宗耀祖。

　　潮汕人对于商人这一身份没有认知障碍。潮汕人觉得从商是一件很好的事情，是值得受到尊重的。相对于书本上的知识及学业成绩，潮汕人更加注重以经验积累为基础的知识。比如在我出国读书时，父亲对我的学业成绩没有那么重视，反复强调的是教我如何识别坏人。我从小就接触并学习这种经验

120

性的知识和工具,长大后将其在我的日常生活及企业经营中进行实践。潮汕家族一直有着"崇商"的传统,这一传统可以从潮汕家庭的管理战略中窥见:我们将商业上的成功也认定为家族成功的一个标准。

Q2:中国自古以来重农抑商,您觉得是什么样的社会环境催生了潮汕"崇商"的文化?

我觉得这可能跟潮汕的地理位置有关。潮汕靠海,在古代的时候,潮汕人大多靠出海打鱼为生,信奉妈祖以求平安。捕到鱼货之后,潮汕人会卖给当地人,或者把鱼货交易到更远的地方。出海下南洋在潮汕文化中非常流行,现在在新加坡等一些东南亚国家中就有非常多的潮汕人。这种靠海的地理位置,催生了潮汕人敢于探索和冒险的精神。更多的潮汕商人远走他乡,为了一家老小努力在外打拼。

在长期的商业交易过程中,潮汕人非常重视信用。在潮汕的商帮里,信用是不可以"破"的。勤快、能吃苦、抗压能力强、有探索精神这些词都可以成为描述潮汕人的关键词,这些品质也都是企业家必备的要素。

在地理环境和社会环境的互动下,我觉得"崇商"的文化就由此而生了。

Q3：潮汕文化对于家族的社会影响，您是怎么理解的？

在之前消息闭塞时，潮汕商人奋斗的目标是为了光宗耀祖。他们在取得成功后就会衣锦还乡，回到祖籍修缮老宅的主屋和祠堂。因为祠堂是整个家族的精神象征，修复祠堂可以团结族人，也可以促进乡土文化的延续。在潮汕商人的群体中，有非常重视社会影响及社会责任的企业家。李嘉诚先生就是非常典型的潮汕商人，他为家乡的发展做了非常多的贡献。他不仅捐资给汕头大学，还推动了汕头大学医学院的建设，促进了潮汕地区教育、医疗的长足发展。

Q4：潮汕家族的内部结构是怎样的？ 如何理解家庭内部分工问题？

"重男轻女"的思想在潮汕家族非常明显，男主外、女主内的家庭分工也比较常见。因为女性的身份，我经商的选择一开始没有得到家里的支持。我之前奋斗的目标就是证明自己。但是现在看来，我个人认为，这种家庭内部明确的男女分工对于保持家庭和睦很重要。我觉得那些在家里生儿育女的主妇非常伟大。如果女主人保持心性简单，家庭成员就会更加幸福快乐。对于在外从商的人而言，如果家庭和睦就没有后顾之忧。

况且，"重男轻女"这个现象也不能片面地对待。在我小

◆潮汕民俗"舞火麒麟"

时候，男女吃饭分席，女性在厨房吃饭。那时我非常不理解，但是现在我有了不同的看法。表面上男女分席确实可以得出女性地位较低的结论，但这个举措从另一个层面来讲也保护了女性。就我自己经商的经历而言，这个商场很复杂，如果女性知道太多的信息就会担心，她就会把这种焦虑传递给子女，但是，焦虑本身对于解决商场上的各种问题于事无补。我现在反而觉得，一定程度的隔离有它存在的合理性，对于平衡家庭关系有一定的作用。

我再举一个例子。我的奶奶是非常典型的传统潮汕女性，她是家族长媳。她在世时，每天早上三四点就起来念《金刚经》，念到五六点钟，然后开始给一大家子做早饭。即便奶奶只负责家庭内部的事务，她在家族里的地位也非常高，受到所有人的尊重，家族中的成员经常会去征询奶奶的意见。我记得我父亲经常用"你奶奶不同意"的说辞，否决我儿时想做的一些事情，比如说学习芭蕾舞。所以，在探讨潮汕家族中女性的地位时，或许不应该那么片面。

Q5：您觉得潮汕家族中经商的文化靠什么传承？

我觉得，潮汕经商文化传承的是一种生意经。

家庭代际的传承，也就是所谓的子承父业，是非常重要的方式。同时，潮汕文化的传承并不局限于亲缘关系，商圈在商业文化传承中也起到了一定作用。喝茶在潮汕商圈非常流行，潮汕人的生意大多是在喝茶中谈出来的。同为潮汕人，大家会互相帮助。在潮汕人互帮互助的圈子里，不是每个人彼此之间都有亲戚关系，很多时候大家只是同乡而已。年轻人看着哪家

◆潮州工夫茶

老板有实力就去投奔，希望对方可以帮助自己找个工作，这种事情在潮汕圈子中非常常见。当然，潮汕人考察人的标准还是那几条朴素的原则：要勤奋、能吃苦、讲信用。聪不聪明反而不是考察一个人最重要的标准。当然，如果一个人具备以上素质又非常聪明，那大概率会成功。

以我自身的成长经历为例。我的父亲是通过人才引进来到深圳的艺术家。潮汕商圈的很多商人都慕名而来，聚在我家学习书画。所以，我从小就有机会接触很多成功的潮汕商人。这些人从事着不同的行业，形成了一个商圈。我观察到，有些年轻人也会从老家来投奔这些有成就的商人。老板们大都不在乎对方的出身和背景，但也不会轻易地向对方许下承诺。年轻人起初就像做义工一样，非常勤快地跑腿打杂。这个过程是一个考察期，如果考察通过，年轻人就会被老板垂青并带进商圈。这个考察期短则一年，长则两三年。潮汕商圈没有特别严格的等级制度，也不会将年龄看得特别重要。年轻人就这样得以在商圈中学习，建立人际关系，得到事业发展的机会。

我从小到大经常听潮汕商人聊生意经。潮汕商人们聚在一起就会聊"最近有哪些行业动态""什么项目可以赚钱""要不要大家一起做"。在学习经济管理时，我发现西方那些研究范式和我从小耳濡目染的生意经有很多相通的地方。学习管理的范式时，我听一遍、看一遍，就大概知道怎么回事了。那些小时候听到的生意经在我成长过程中被内化，在我自己经营企业时发芽，当管理公司时，我自然就知道怎么处理，这和我从小所处的潮汕商圈的环境有很大关系。总体而言，我觉得潮汕人的经商之道就是通过商圈中的信息交流，口耳相传、言传身教传承下来。

Q6：您觉得家族在个人发展中起到什么作用？

就我个人而言,我的家族给予了我信仰和能量。我觉得与祖先的联结对传承家族文化、充实个人精神世界有很大的帮助。

潮汕非常重视传统文化,最有力的证明就是祭祖活动。潮汕人可以不过年,但是不能不祭祖。像初一、十五进行的拜祭活动,对潮汕人来说非常重要。

我从小在这样的环境中成长,后来有机会去其他城市工作与生活,对比以后才知道潮汕地区的家族文化氛围是特别浓厚的。在重大节日,几乎家家户户都会祭拜祖先,这对于每个潮汕家族都是一件大事。家族越大,祭祀活动就会越隆重,大家都是自发自愿地去做,多年以来一直维持着这个传统。

潮汕祭祖的仪式很庄严,通过仪式可以把一个家族凝聚起来。现在我仍清楚记得小时候祭祖时的场景:一个非常大的祠堂,前面放着几张大桌子,桌子上面摆满了拜祭的碗,碗中盛放着各家精心准备的、做工复杂的食物。

我现在回想童年的这些往事,依旧会感到震撼。我小时候十几年都是在潮汕老家这样过年,所以印象非常深刻。这样的祭祖传统坚持了十几年,整个家族的信仰都长出来了。一个人有了敬畏心,归属感和根源的能量就有了,内心会富足踏实，不管漂泊去哪里，都不会迷失自我，都不会忘记自己的根在哪里。我觉得这些家族的精神力量给予了潮汕商人敢于远走他乡、奋斗不息的勇气。

中国商人和家族企业：
有责任更有担当

——以某中小家族企业为例

窦少杰

家族企业在我国的发展经历充满了传奇色彩。在中华人民共和国成立前，我国社会曾经存在着大量的民族工商业企业，而这些企业绝大多数都是家族企业。在中华人民共和国成立之后，政府对当时社会中存在的资本主义工商业进行了社会主义改造，几乎所有的私有制企业都被改造成为公有制企业，家族企业也因此不被提及。然而从 1978 年我国开始实施改革开放之后，改革的春雨滋润了中华大地，私营经济重新获得了发展的机会，家族企业又重新回到了人们的视野之中。国家市场监督管理总局在 2022 年 10 月公布的统计数据显示，截至 2022 年 8 月底，我国民营企业的数量多达 4701.1 万户。据不完全统计，其中近八成是家族企业。显然，家族企业已经成为我国社会主义经济中不可或缺的重要存在。然而近年来，与家族企业相关的一个新的问题出现了，那就是接班传承问题。全国工商联发布的最新相关数据显示，目前我国的家族企业中有很大一部分正在或即将面临家业的交接班问题，其时间之紧迫、数量之巨大，在世界各国的家族企业传承史上也是不多见的。

虽然从总体上来看，我国的家族企业面临着传承困局，但在个案层面上，也不乏成功实现接班传承的企业，如实现了"创新式传承"的方太集团、引入了"家人+外人"混合传承模式的新希望集团、成功让职业经理人接班的美的集团等。总部位于浙江省慈溪市的某塑料制品有限公司，就是一个顺利实现了接班传承，有责任又有担当的家族企业。

◆ 为了养家糊口的创业

这家塑料制品厂在1995年由现任总经理陈道彦（化名）的父亲和母亲在浙江省慈溪市创立。在访谈中笔者了解到，其实早在改革开放后的20世纪80年代，他们夫妻俩为了养家糊口，就在当地做起了小生意。他们最初做了几年水泥船产品的生意，后来又做了几年水泥蓄水罐产品的生意，但都没能坚持下来。其原因有三：第一，当地市场规模有限，且水泥船和水泥蓄水罐产品一旦交付就可以长时间使用，没有重复购买的需

◆吹膜车间

求（市场规模小）；第二，技术水平不高，只要知道这两种产品的结构和制作方法，谁都能轻易做出来（行业门槛低）；第三，随着商业环境的变化，市场上很快就出现了更好的替代品（替代品的出现）。于是，在总结了前面两次创业的经验之后，他们于1995年创立了生产塑料薄膜的某塑料制品厂。对于选择生产塑料薄膜的原因，陈道彦这样向笔者解释：

"原因很简单，就是父母想把生意做长久。之前的水泥船和水泥蓄水罐的生意客户都没有重复购买的需求，做不长久；而以塑料薄膜为原材料制作的产品大多是一次性的，客户有重复购买的需求。"

1992年邓小平的南方谈话重新确认了改革开放的重要性，我国经济进入了高速发展阶段。恰好在这个时期，刚刚创

131

◆制袋车间

业的公司赶上了经济发展的浪潮，顺利起航。

◆水到渠成的二代接班

　　这家公司搭上了经济腾飞的顺风车，有了一定程度的发展。然而近年来，随着经济进入"新常态"，中小企业的经营环境变得严峻，这家公司的经营也逐步陷入了危机。就在这个关系到企业存亡的危急关头，陈道彦回归家业，开始迎接这场挑战。

　　陈道彦出生于 1981 年，2004 年从中国计量大学计算机科学与技术专业毕业。在谢绝了华为的录用通知后，以教师身份留在母校工作。在执教期间，他还获得了检测技术与设备专业的硕士学位。2017年，他辞去了稳定的大学教师工作，正式回归家族企业。在访谈中，陈道彦对笔者如此解释：

"当时华为给了我相当不错的工资待遇。我们在半年的实习期内实行着严格的淘汰制。在我被分配到的部门中，新入职的有40人，最后留下的只有包括我在内的5个人。就在那时，导师打电话来问我要不要回母校当老师。我当时觉得，比起在企业工作，大学老师的工作更好，所以就向华为支付了违约金，回到了母校。我在母校的工作很稳定，还拿到了硕士学位。之所以辞职回归家业，我想大概是因为从小身边有父母和亲戚在经商，同学中也有很多人在经商，受他们的影响，做生意对我来说是理所当然的吧；另一个是我考虑了家业传承。父母一直在为我们子女努力，虽然这是一家小公司，但这是父母多年的心血。作为长子，继承家业是我的使命。经常有人说，大学教师这个职业比中小企业主的社会地位高，但我不这么认为。特别是2008年之后，市场环境变得严峻，公司也发生了很多问题，我总是利用休息时间回家里帮忙。父母年纪大了，我要担当起来。"

由上文可知，陈道彦作为接班人回归家业、完成接班的原因主要有以下两个方面：

一是商业环境的影响。浙江是我国民营经济最发达的地区，以温州商人、宁波商人等为代表的浙商非常活跃。无论是成为世界著名电商巨头的阿里巴巴集团创始人马云，还是2010年收购沃尔沃公司的吉利汽车创始人李书福，都来自浙江。而慈溪正是民营企业尤其是中小制造企业的聚集地。从20世纪80年代开始，慈溪的模具加工业和小家电制造业发展很快。慈溪被视为中国个体工商户和中小企业主人口占比最高的地区之一。陈道彦正是在这样的商业氛围中成长起来的。他对中小企业并没有不好的印象，对于回归家业、完成接班也并不抵触。

二是对家庭和家业的责任。传统的中国家庭认为长子对家庭的责任重大。作为长子，陈道彦孝敬父母，家庭责任感很强。每当父母在企业经营中遇到问题，他总是守在父母身边尽力帮忙解决，继承家业是他的使命。

家业传承问题俨然已成为中国的一大社会问题，但在这家公司，社会环境因素和个人因素完美地结合在一起，让家业传承变得水到渠成。

◆ **企业经营的蝶变改革**

如前所述，在陈道彦回归家业之前，公司面临着深刻的危机，主要表现为：订单量下降，价格战导致公司利润减少，员工离职率增大，质量事故频发。这些都是关系到企业生死存亡的大问题。陈道彦在大学本科的专业是计算机科学与技术，硕士的专业是检测技术与与自动化装置，在企业管理方面没有任何专业知识和经验。回归家业后，他积极参加了各种经营管理讲座和企业管理研讨会，非常刻苦地学习。而正是通过这些学习，陈道彦认识到，拯救公司的唯一方法就是彻底改变它。

"时代变了，家族企业也要相应改变。现在是强调 SDGs（可持续发展目标）①的时代，中国已开始重视环保。普通塑料制品不可降解，如果直接扔掉又会造成环境污染。这样下去，我们的业务就没法做了，所以我想，能不能制造出一种可降解的塑料。另外，公司的经营管理存在很多问题。学习很多管理知识之后我才意识到公司问题的严峻。问题太多，我一时无从下手。"陈道彦说。

陈道彦面临的重大挑战主要有两个：一个是公司在产品

----

① 在 2015 年 9 月 25 日的联合国可持续发展峰会上，193 个成员国正式通过 17 个可持续发展目标，即 SDGs（Sustainable Development Goals），旨在从 2015 年到 2030 年间彻底解决社会、经济和环境三个维度的发展问题，转向可持续发展道路。

上的创新，也就是将生产原材料改为不会造成环境污染的可降解塑料；另一个是对公司进行经营管理改革。对刚刚开始经营企业的陈道彦来说，这些都是极其棘手的问题。但有着强烈危机感的他，毅然开启了公司的蝶变改革。

◆蝶变改革之一：产品创新

在访谈中笔者了解到，公司目前正在生产一款全生物降解塑料，而这款新材料的应用始于一场命运的邂逅。

"这真的很偶然。传统塑料已经没有发展前景了，所以在回归家业前，我和父亲就一起跑遍了全国。因为没钱也没技术，我们没办法自己研发，只能从外面找，但一直没找到合适的。2017年我回家之后，在当地的某创新创业园区里租了一间办公室。在和园区负责人聊天的时候，他给我介绍了在绍兴从事塑料相关业务的程博士。巧的是，这位程博士曾在美国留学，正从事全生物降解塑料新材料的开发和生产，而且他的产品和我们所需的原材料完全吻合。"

程博士来自浙江绍兴，在美国留学期间从事全生物降解塑料的研究，回国后在绍兴市成立了一家名为"百福得"的公司。尽管有好的新材料技术，但在生产、销售等方面存在困境。而陈道彦为了让公司继续存活而四处奔走，到处寻找新材料却屡屡失败。这次冥冥之中的相遇，让两人很快就展开了业务洽谈，并签署了合作协议。就这样，陈道彦拿到了关乎公司未来的全生物降解塑料新材料。随后，公司完成了产品原材料由传统塑料向全生物降解塑料的转换。

◆ 蝶变改革之二：经营管理创新

陈道彦面临的另一大挑战是公司的经营管理改革。2021年，在外部顾问的指导下，公司的经营管理改革开始了，主要有以下三个方面：

第一，是公司发展战略的制定。

公司自成立以来，主要从事各种规格塑料薄膜的生产，同时也根据客户的要求制作塑料袋、垃圾袋、包装用塑料膜等产品。但公司在经营上一直是"下雨就打伞"，没有经营策略，也没有明确的发展方向。

想把公司做成什么样，对企业经营者来说是个终极难题，也是个必须明确的问题。只有把这个问题弄清楚了，才能制定公司的经营战略。陈道彦已经认识到了时代的变化和SDGs（可持续发展目标）等要求，实现了公司产品从传统塑料向环保塑料的转换，这是一次具有重要意义的创新。但对公司来说，仅有这一次变革是不够的。

"在一个传统塑料制品逐渐被环保塑料制品替代的时代，对我来说是一个巨大的机遇。如果能很好地抓住这个机遇，以再生技术解决存量塑料问题，用全生物降解塑料解决增量塑料问题，并将这两点转化为自己的优势，公司就能快速发展壮大。在不久的将来，我们不仅要做现在的已有产品 —— 垃圾袋、塑料薄膜等，还可以做其他产品。通过与程博士的相识，我有了新材料，但在大变革的时代，仅仅这样是不够的。在一次学习会上，我学到了'经济服务化'这个词，也就是说，到现在还是以产品和硬件为主的时代，而今后将是以服务和软件为主的时代。所以我打算用十年的时间，把公司打造成一家以优质的产品为客户提供更多样化的服务和解决方案的企业。"

的确，在工业经济发达的今天，产品的同质化程度越来越高，企业的差异化竞争已经延伸到服务领域。经济服务化已经成为当今经济社会的一个重要特征。陈道彦为公司制定了十年发展战略，让公司有了明确的发展方向。

第二，是公司组织架构的重塑。

要实现发展战略，就必须有符合公司战略要求的组织架构。公司之前的组织架构只有生产和销售两个部门，总经理以下没有明确的级别设定和职责分工，整个公司的业务都是在总经理的指挥下进行的，员工不需要考虑和参与经营。这是中小企业常见的管理模式。老板一人做决定，决策效率高，执行力强。这虽然有一定的优势，但也存在很多缺陷，如员工得不到成长、工作积极性调动不起来等。为了实现未来十年的目标，陈道彦认为，必须改革公司现行的组织架构。

"以前大家都一样，几个老员工只是因为工龄长，所以工资比其他员工高一点。员工在这里只是干活拿工资，根本不考虑个人成长和职业生涯。合理的人事管理要考虑员工的等级划分、晋升渠道、职业生涯等各种因素，但前提是有合理的组织架构。"

在外部顾问的帮助下，陈道彦重塑了公司自创业以来从未改变过的组织架构。他先提出了五年后公司内部组织的构想，再根据现在公司人员的特征进行定位，经过反复推敲后绘出组织图。之后他一边展示绘好的组织图，一边与每位员工就个人成长和职业发展等问题进行了面谈。

"现场的员工只有二十几个人，面谈很快就结束了。大家明确了自己五年后的目标职位，剩下的就是朝着目标努力了。在新构建的组织架构中，副总、部长等高层职位几乎都是空缺的，每个人都有成长的机会。很明显，面谈后员工的干劲提高了，工作态度也发生了变化。"

第三，是公司绩效管理和人事管理制度的调整。

绩效改革和人事制度改革，尤其是当中的工资制度改革，是陈道彦此次改革的重中之重。因为工资与每个员工的利益直接相关，也正因为如此，实施起来尤其需要谨慎。陈道彦采取"先在间接部门实施，再在直接部门改革"的阶段式推进策略。

"从创业开始，员工的工资就是小时工资。干一个小时拿多少钱，非常简单。到了年底，关于次年的小时工资额度，老板会和每个员工进行个别面谈后决定，基本上会涨一点儿。企业管理的顾问老师指出计时工资有很多弊端：比如工资金额确定后，工作时间变成决定工资总额的唯一因素，员工想要更多的工资，多加班就好了，而且效率低一点更划算；以前公司活儿多的时候还好，但这些年公司的业务量并不多，加班时间少的话工资就会降低，员工会不满；另外，劳动法规定了加班时间上限，我们此前的加班时间显然已经违法违规。"

小时工资制度如果不改革，公司可能会面临更严重的问题。所以，陈道彦对工资制度的改革是将小时工资制改为月薪制 —— 先要对月薪制工资制度本身进行设计，再制定合理的人事考核制度来保证月薪制的落地。另外，由于公司没有实施人事考核的经验，所以即便企业建立起制度，在实施之前也要反复验证。经过细致的思考和试算，陈道彦在 2021 年底公布了间接部门员工月薪制工资制度的改革方案。

"首先将间接部门员工的工资从计时工资改为月薪。我先计算了计时工资时员工的工资水平；再与之对照，设定了不比计时工资低的月薪制金额。月薪分为固定部分和绩效部分，我们就各部分的运用规则向员工进行了详细说明，还讲解了人事考核制度的规则和实施方法。虽然是摸着石头过河，但还好，公司到现在也没出大问题。间接部门的改革成功后，就轮到直接部门了。一线工人们把工资看得最重，我们执行起来要更加谨慎。等工资改革结束，接下来还有企业文化等方面的梳理，要做的事情还有很多……听说日本有很多百年企业，我希望公司将来也能成为百年企业。"

陈道彦的挑战还在继续。在访谈之时（2022年5月），公司直接部门的工资改革尚未进行，但可以确定的是，二代企业家陈道彦正在为实现未来十年的战略目标以及"百年企业"的梦想而努力着。

◆ 结语

历史上，由于社会偏见等因素的存在，我国的中小企业，尤其是中小家族企业的发展之路并不是一帆风顺的。近年来，我国经济进入新常态，国内外经营环境的急剧变化加上家业传承问题的发生，让我国中小家族企业的经营环境变得严峻。但笔者观察到，尽管在这样艰难的情况下，像本文案例中提到的二代家族企业家陈道彦这样，坚定地从上一代手中接过接力棒，肩负起企业的社会责任，面向未来勇于接受各种挑战、勇于创新奋斗的新一代年轻企业家也在不断涌现。

企业规模虽小，却也承担着SDGs这个人类共同的责任。目前，我国正处在中华民族实现伟大复兴中国梦的征程上，在企业数量上占据绝大多数的中小家族企业，不仅承担着创造雇佣机会、发展经济、改善民生的重任，更肩负着解决传承家业问题、实现可持续发展、打造"百年企业"、助力现实中国梦的宏伟目标。与欧美国家的家族企业相比，我国的中小家族企业从改革开放到今天的发展周期短，各方面的发展经验相对缺乏，但富有积极创新精神、有责任更有担当的新一代中国商人和家族企业令人期待。

作 者

窦少杰，日本立命馆大学经营学部讲师，博士，稻盛经营哲学研究中心研究员。译著有《阿米巴经营·实战篇》等。

道家思想在企业管理中的运用

——内观己心　外察世界

吕　埴

以老子为代表的道家将"道"看作一种客观规律,"人法地,地法天,天法道,道法自然"(《道德经》第二十五章),强调人们必须按照自然规律办事,顺其自然,做到天地相合,天人合一。道家的很多思想可以运用于企业管理中,比如"福祸相依""守柔""处下""不争"等。这些高深的哲学思想,备受商界大佬们的推崇。

◆道家管理智慧之"福祸相依"

乍看起来,福祸关系好像和企业管理没有什么关系,而实际上却是道家管理智慧的一个重要内容。管理者要能够游走于福祸之间,不贪福,不避祸,这对于提高自己的管理境界非常重要。

◆重庆关岳庙太极图

　　在商业领域,"福"和"祸"的内涵是很广泛的,比如畅销和滞销、景气和不景气、良机和危机、存与亡、安与危、治与乱等,这些矛盾是会相互转化的。企业管理的一项重要任务是创造条件使这些矛盾向"福"的方向转化,而不要向"祸"的方向演化。同时,在弄清了"福祸相依"的规律后,我们就能在困难中见到光明,在光明时见到潜在的危机。这会使我们不为眼前的困境所陷,也不因眼前的辉煌而冲昏头脑。

　　就企业而言,顾客的批评、抱怨等似乎是"祸",可就在这个

"祸"里蕴藏着重要的信息 —— 顾客的需求和欲望。如果企业能从中把这一信息提取出来,及时根据顾客的需求、欲望,改善自己的产品和服务,调整营销手段,就能更好地赢得顾客,赢得市场,从而就能因"祸"得"福"。可见,在这个"祸"中的确隐藏着"福"。

对此,西方的企业管理者也心领神会。他们认为,顾客的批评、抱怨可以成为金子,要把顾客的抱怨看作不可失去的黄金般的大好机遇,进而有效地收集、传递关于顾客批评、抱怨的信息。有的企业按产品分类建立顾客批评和投诉的档案,每日更新一次,并把全部情况告诉所有的员工。还有的企业,在工厂生产线的每个工位上展示顾客的建议和意见,并定期更换。即使企业在产品销售中出了重大事故,"祸"闹大了,只要做好公关,做好善后工作,就可把坏事变成好事,由"祸"转"福"。

一般来说,只要及时向顾客、社会大众表示歉意,采取切实有效的措施来弥补不足,那么再有怨气的顾客也能成为企业最好的朋友。只要做到这一点,就会使自己与众不同,迅速摆脱困境,由"祸"变"福"。

企业不景气、面临危机,似乎是"祸",然而,越是在这种情况下,企业越要真正发现自己在经营管理上的毛病,并下决心去整顿、改革。如此,这个"祸"又包含了企业管理上一个新的台阶，使企业由"祸"转"福"。从这个角度来看，企业不景气也未必全然是一件坏事。企业不景气，面临逆境，面临危机，还会使员工普遍产生危机感。这时，只要做好工作，就有可能使多数员工与企业同命运、共呼吸，齐心协力共渡难关。这时，企业的内聚力、整体力往往是非常强的。企业依靠这种内聚力、整体力就有可能转危为安，由"祸"转"福"。

此外，企业内部安定、和谐的局面往往使人陶醉。安定、和谐虽是"福"，但并非企业内部不存在矛盾，只是矛盾处于协调状态而已。如果因此放松了对企业内部人际关系的协调，对新出现的各种管理矛盾不闻不问，企业的局面早晚会由安定、和谐转为不安定、不和谐，由"福"变"祸"。不难看出，安定中存在着不安定因素，和谐中隐伏着冲突的危险，安定、和谐绝不是一劳永逸的，是会向相反方向转化的。

◆ 道家管理智慧之"守柔"

"守柔"的重要性有两点：一是"守柔"能胜强，二是"守柔"能自我成全。

自 20 世纪初开始，企业管理的典型特征可以说是"硬性管理"，推崇的是"胡萝卜＋大棒"方式，都是有形的管理。管理手段靠的是制度、纪律、奖惩等；管理功能靠的是威慑、利诱、

◆河南洛阳老君山金顶道观群

强制等。这样的管理，对被管理者来说是强行外加的。管理者
与被管理者之间的关系，是指令和服从的关系，是控制和被控
制的关系。

◆四川成都青羊宫

　　二战以后日本经济的迅速崛起令世人瞩目。日本经济的迅速腾飞得益于日本式的管理，于是一批学者潜心研究日本管理，将日本与欧洲、日本与美国的管理模式进行比较。1984年5月，由美国斯坦福大学理查德·帕斯卡尔和哈佛大学安东

148

尼·阿索斯两位教授合著的《日本企业管理艺术》一书出版，这本书用"3S 管理模式"和"7S 管理模式"来概括美、日两国两种不同的企业管理模式。所谓美国企业管理的"3S 管理模式"，指的是在企业管理中的战略、结构、体制。对于这种管理模式，作者称之为"硬性管理"。所谓日本企业管理的"7S 管理模式"，是在"3S"的基础上，增加了 4 个"S"。这 4 个"S"是：人员、技能、风格、最高目标。用道家的思想来分析，这就叫柔性管理。柔性管理是使日本企业管理优于美国企业管理的关键所在。

企业成功的秘诀，不是严格的规章制度，不是高科技，也不是任何一种管理工具、方法、手段，而是在于发挥人的最大能力和天赋，在于使人们找到共同的奋斗目标，以及在内外环境、条件的千变万化中，将这一共同目标传下去。

面对客观存在的社会事物、现象、问题，人们都会产生一定的行为。而行为是由人们对事物、现象、问题的态度所决定的。人们对于事物、现象、问题的态度，是由价值观所支配的。如果价值观相同，那么对于相同的事物、现象、问题，就会有相同的态度和行为。当一个企业的全体员工建立起共同的最高目标时，对企业所面临的重大问题就会有共同的态度，自觉地（而不是强制的）产生相同的、一致的行为。这样的局面是企业管理孜孜以求的理想境界。要实现这一理想境界，靠"硬性管理"

是万万不行的，只有"柔性管理"才有此独特的功能，这是管理中"柔弱胜刚强"的集中体现。

在"硬性管理"下，规范人们的行为靠的是外力的强制。在"柔性管理"下，规范人们的行为不需要外力强制，人们的行为会自觉地与企业目标保持一致。这种个人行为与企业目标自觉保持一致的现象靠"内化控制"来实现。由此，我们又进一步体会到了老子"柔弱胜刚强""处柔守弱"这些哲理的伟大魅力。

那些在中国长征路上啃树皮、吃草根的先烈们可歌可泣的行为，难道是靠物质、金钱"刺激"出来的吗？难道是靠制度、纪律、惩罚、威慑"逼"出来的吗？是追求、信仰这样一些精神因素造就了这些英雄和英雄行为。由此可见，精神因素这个"至柔"的东西，的确可"驰骋天下之至坚"，"柔性管理"的确优于阳刚的"硬性管理"。

◆道家管理智慧之"处下"

"善用人者，为之下。是谓不争之德，是谓用人之力，是谓配天古之极。"（《道德经》第六十八章）高明的管理者应该"谦下"，而不应自以为处处都比下属能干。因为位在其上者，并不一定是才在其上。若管理者高高在上，目中无人，则有智者必不肯忠诚效力。好逞其能者，有才能的人必不肯与其相处共事。管理者要怀着谦下之心，虚心听取下属的意见，才能使被用者人尽其才，才尽其用。

善于用人者，必然谦虚待人，居人之下。"君子不可辱"，人才有极强的自尊心。人才的自尊心得不到满足，是难以全心全意为别人服务的。古语讲"士为知己者死"，今天在管理领域中，则是"士为知己者用"，而"知己"的关键，是要知其自尊。中国的不少企业重金求人才，但人才到企业后，有的并未充分发挥作用，有的则"炒"了老板离开了企业。究其原因，与上述所论关系甚大。

老子认为，大海之所以能够成为天下河流汇聚的地方，那是因为它善于"处下"。如果将老子的这种思想运用到企业的管理中，就是要求企业的领导者要善于谦虚待人，这样才能与手下的员工进行沟通，才能使企业迅速发展壮大，使领导者自己得到员工的拥戴。

这样优秀的企业管理者在商界有很多，而日本的"经营之神"土光敏夫就是其中的杰出代表。他办公室的门总是打开的，欢迎员工们前去讨论问题。员工们被土光敏夫平易近人的作风感动，因此不管有什么意见和建议，都愿意向他坦诚地提出来。这不但使土光敏夫与员工保持融洽、亲如一家的感情，而且还能使土光敏夫以最快的速度了解企业内发生的问题，听取员工们对发展企业有利的各种合理化建议。

中国历史上讲究礼贤下士。对贤才待若上宾，更是千古流传的佳话。曹操听说袁绍的谋士许攸来投，竟"不及穿履，跣足出迎"，且"先拜于地"；孙权在合肥闻听鲁肃来，竟"下马立待之"，"请肃上马，并辔而行"。作为企业管理者，对人才待之以礼，自己"为之下"，这样才有可能"善用人"，才有可能使人才真正发挥作用。

"贵以贱为本，高以下为基。"（《道德经》第三十九章）任何高贵的事物，都扎根于低贱的事物，如果没有多数人的"低贱"，那么少数人是"高贵"不起来的。就如同一座宝塔，塔尖处于"高贵"的地位，塔基和塔身处于"低贱"的地位，若没有塔基和塔身的"贱下"，哪有塔尖的"高贵"？一个管理者，如果瞧不起，甚至欺凌"低贱"的下属，不等于是没有了塔基和塔身的塔尖了吗？这时他能"高贵"起来吗？

强的企业、龙头企业、主导兼并的企业更要"处下"，只有这样，合作、联合、兼并才会成功，才会有真正的效益。强势的一方要主动适应对方，而不能只要求对方适应自己；要主动让利，主动照顾对方的利益，而不能只盯着自己的利益，让对方为自己的利益服务。特别是在兼并的过程中，不免存在企业间的利益冲突、权利冲突、人事安排冲突、资金冲突、文化冲突等。对此,兼并的强势一方要"善下之",主动照顾对方,才能使彼此互相协调,融为一体。

◆道家管理智慧之"不争"

"夫唯不争,故天下莫能与之争。"(《道德经》第二十二章)不争,才能保持清醒的头脑,透视事物的本质,故而能无往不胜。商场如战场,商场上的竞争无处不在。任何企业走到市场上,无论具有多么强大的实力,都难免会遭遇激烈的竞争。在这样的情况下,一些企业家往往会忽略竞争的目的,而仅仅是为竞争而竞争。这个时候,只有睿智的企业管理者才能保持清醒的头脑,以"不争"的超脱态度,直接实现竞争的目的。

如果企业在创业之初,定位在"无竞争点"上,那企业的发展就会很快,企业就会因为缺少竞争对手而很快做大做强。寻找"无竞争点"的定位,就是企业管理之道。在企业管理中做到"不争",不仅要求企业处于无竞争或相对竞争缺乏的领域,以便企业更快、更好地发展,而且还要求企业内部每一个员工都"不争",专注于在自己的岗位上实干。如果企业中有众多像水一样无私奉献的人,那么自己和所在企业都将"一帆风顺"。这也是道家所言:"以其不争,故天下莫能与之争。"(《道德经》

第六十六章）

众所周知，可口可乐公司和百事可乐公司都是世界闻名的饮料企业，也是天生的竞争对手。一直以来，这两家公司都在明争暗斗，希望可以打垮对方，独占市场。20世纪80年代，这两家公司之间的竞争日趋白热化。在这样的背景下，罗伯托·古兹维塔出任可口可乐公司的执行董事长。在他上任之前，可口可乐公司与百事可乐公司已经展开一系列针锋相对的竞争，尽管取得一些成效，但总体来看却是得不偿失。可口可乐公司的市场仍然被百事可乐公司一步步蚕食，导致可口可乐深陷竞争泥潭。

罗伯托·古兹维塔上任后，便立刻要求公司停止针对百事可乐公司的各种竞争手段，不再局限于与百事可乐公司争夺百分之零点几的市场占有率，而是把目光投向了整个饮料市场。紧接着，他又推出一项全新的营销方案，在每一条街道上都摆上可口可乐的贩卖机。此举一出，果然使可口可乐公司的销量节节上升，并立刻从竞争的旋涡中走了出来。

"天之道，不争而善胜，不言而善应，不召而自来，繟然而善谋。"（《道德经》第七十三章）天道的规律是，不斗争而善于取胜，不言语而善于应承，不召唤而自动到来，坦然而善于筹划。如果将老子的这种思想运用到当今的企业竞争中，则可以说是竞争的最高境界。比如，日本的雅马哈公司就是在"不争"中击败所有竞争对手的。

面对愈演愈烈的恶性竞争，雅马哈公司并没有加大马力重拳出击，而是采取一种"不争"的策略。当其他的竞争对手正在为提高市场占有率而伤透脑筋时，雅马哈公司却面向社会举办了一系列的音乐培训班，聘请专业的音乐老师来传播音乐知识，同时传授相关的电子琴和钢琴的演奏知识，并举办一系列的演奏比赛。一时间，雅马哈品牌在社会上刮起一股不小的"音乐旋风"。这样一来，雅马哈公司实际上已经成功地创造出产品的需求空间，并为自己培养出一批忠实的顾客。随后，雅马哈公司又在售后服务上大做文章，大大提高雅马哈品牌的社会知名度与影响力。

通过这一系列的措施，雅马哈公司不但成功地打开日本国内的市场，而且成功地进军更加广阔的国际市场，将竞争对手远远地甩在身后。之后，凭借其前沿的技术和精湛的工艺，雅马哈公司逐渐发展成为全球最受欢迎的乐器制造商。如今，雅马哈公司已经在乐器、视听产品、资讯技术、新媒体业务、厨房卫浴用品、汽车配件、特种金属、音乐教育，乃至度假村等商业领域都处于领先地位。这就是"不争"的结果。

◆ 结语

马云先生曾说："我从道家悟出了领导力，从儒家明白了什么叫管理，从佛家学到了人怎么回到平凡，这些思想融会贯通，刚柔相济就是太极。"作为中国的企业管理者，学点道家思想，并合理运用于企业管理，想必是百利而无一害。

作　者

吕埴，毕业于清华大学美术学院，艺术学硕士，现就职于中国国家博物馆，从事文物艺术品征集与鉴定工作，对道家思想亦有深入研究。

多元见地

　　彭湃先生从市井出发，讲述人间烟火气中隐藏的道家思想，将四大名著中的全真思想娓娓道来。安静先生、张正彬先生讲述家风家训这一中国传统文化的重要组成部分在新时代如何传承发展。谢逸女士从企业家生态状态的角度，分享企业精、气、神的重要性与企业家情绪控制的方法。张劲松先生深研徽商历史，讲述商人经商成功后应如何为子孙进行人生道路的抉择。

人间烟火中的商与道
——名著、市井、全真教

彭　湃

"天地不仁，以万物为刍狗。"在刚刚过去的 2022 年，发生的种种一切，无疑是《道德经》中名言的注脚。

这一年的中国，很多社会活动受到影响，商业领域尤其严重。这一年的变局之大、影响面之广，超乎大多数人的预期。

◆引子：儒道归易的历史观

面对不确定性的时候，中国人有个法宝 —— 以史为鉴。以史为鉴，通常有两种思考模式：第一种称作"因人论世"，第二种称作"因世论人"。

因人论世，指的是人力可以改变时世。我们读司马迁的《史记》时，可以看到项羽、刘邦在面对秦始皇出行的时候，分别说过"彼可取而代之也""嗟呼，大丈夫当如此也"。无论是项羽的"取而代之"，抑或是刘邦的"大丈夫当如此也"，都是"因人论世"。他们两位都认为自己是能改变时事的，只不过两者改变的程度略有不同罢了。因世论人，这种思想认为时世都是因缘的产物。事物出现，必然有其原因，只不过原因有直接有间接而已。凡是遇到合适的时空条件，该发生的必然发生，不以人的意志为转移。如果要改变时世，需要等待合适的机缘，必定要等到新的条件成熟后，旧的结果自然也就结束了。

历史上的儒家比较偏向"因人论世"，所以才有"明知不可为而为之"；而道家比较偏向"因世论人"，道法自然，讲的是等待合适的机缘出现。当然，从历史上看，这两种思考模式其实都出自《周易》：一出自乾卦，偏向刚；一出自坤卦，偏向柔。正如太极图所示"阴阳相合"，人们在看清时势后，积极准备，把个人发展融入大局环境，让这两者相辅相成，共同作用，来对人生、世界进行思考。

中国人喜谋略，商业尤其需要谋略。谋略讲究深谋远虑，无论深谋还是远虑，具有深厚历史底蕴的中国文化可以为决策者提供丰富的历史经验。

反观历史，每当出现巨大未知的时候，往往有道家人物出来收拾时局。基于此种理念，本篇将从市井出发，讲述人间烟火气中隐藏的道家思想,希望能给读者带来一些启发。

◆新天地中藏"天机"

为什么要从道家思想来谈商业呢?这和笔者的一段经历有关。2018年春节,笔者到佛山岭南新天地游览。无意间,笔者走入一间大屋,看到一块牌子。牌子上的字很小,排得很密。看了牌子上的介绍文字后,笔者注意看了看四周的游客。游客的目光都被富家华宅的气派所吸引,确实没有几个人认真看牌子上的文字。

牌子上的文字讲述了一个神奇的商业传奇故事。清朝光绪年间,有一个小商贩名叫李兆基,家住佛山文明里,经营药材生意。他信奉道教,每日早晚都会虔诚地叩拜吕祖。有一天夜里,李兆基梦见吕祖赐以药方,命他按方制药,普济众生。梦醒后,李兆基清楚记得组方药材,遂依法制作。该药方起初名为普济丸,后来改名为保济丸。这就是闻名于世的李众胜堂保济丸的由来。由于保济丸效果明显,李家的生意越做越大,后来李家成为远近闻名的巨商。

在佛山的这段经历,让笔者第一次注意到了道家与商业的关系。历史上多言儒商,关于道家文化和商业的关系,言者寥寥。道家喜"隐"不喜"显",商业追求的是扬名显耀。道与

◆中国古代四大名著

商的关系看似不如儒与商之紧密，其实不然。

◆四大名著隐"妙道"

道家文化已经化入华人社会的衣食住行各个方面。正如人在空气中，常不觉空气之存在。道家文化之于中国社会也是如此。

仅举一例说明。明清时期以来，中国社会发生了巨大变化，商业活动日渐频繁。伴随着商业意识的提升，市民阶层的

消费蔚然成风,通俗小说大量出现,《三国演义》《西游记》《水浒传》《封神演义》《红楼梦》的印刷量惊人,影响力遍及社会的三教九流。

仅就这几部小说而言,笔者只略讲一下四大名著的开篇,相信各位读者一定能看到,道家思想是如何渗透到中国人的生活中的。

1.《三国演义》的开篇

《三国演义》的开篇讲的是黄巾之乱。黄巾军的领袖张角、张宝、张梁三兄弟本是落魄之人。一日张角入山采药,遇见一位碧眼童颜的老人。这位老人亲授张角"天书"三卷,才有了黄巾起事的前缘。书中交代,这本天书叫作《太平要术》,这位老人唤作"南华老仙"。张角得到老人的指点后,日夜攻习此

书，最后有了"呼风唤雨"的本领，而且把自己的名字改为"太平道人"。"南华老仙""太平要术""太平道人"等名称，显然是从正统道家著作《庄子》（又名《南华真经》）《太平经》等转化而来。

关于《三国演义》与道家思想的关系，书中还有不少体现。例如在赤壁之战中，孔明夜观天象，就是道家思想在军事谋略上的具体应用。

2.《水浒传》的开篇

《水浒传》以两位名人加一首诗作为开篇的引子。诗文如下："纷纷五代乱离间,一旦云开复见天! 草木百年新雨露,车书万里旧江山。寻常巷陌陈罗绮,几处楼台奏管弦。天下太平无事日,莺花无限日高眠。"该诗为北宋邵康节(邵雍)所作,这是开篇第一位人物。

接下来,第二位人物登场。他就是名震千古的道家隐士陈抟。书中交代,陈抟在骑驴下山的路上,听得路上客人传言赵匡胤登基称帝。陈抟心中欢喜,在驴背上大笑,以至于颠下驴来。有人问陈抟为何如此高兴,陈抟是这样回答的:"天下从此定矣! 正乃上合天心,下合地理,中合人和。"天心、地理、人和,正是道家常讲的天地人"三才"之学。

两位重要人物引出整部《水浒传》。邵康节精通《易经》,被公认为千年一遇的易道高人;陈抟是道家人物;水浒一百零八将来自三十六天罡、七十二地煞,而天罡地煞的名称也是正统道家文化与民间风俗结合的产物。《水浒传》与道家的关系可见一斑。

3.《西游记》的开篇

《西游记》第一回的题目是"灵根育孕源流出　心性修持大道生"。灵根、大道这样的名称,显然从道家思想而来。

◆龙现代艺术中心

点题之后,《西游记》则有这样的笔法:

"诗曰:混沌未分天地乱,茫茫渺渺无人见。自从盘古破鸿蒙,开辟从兹清浊辨。覆载群生仰至仁,发明万物皆成善。欲知造化会元功,须看《西游释厄传》。

"盖闻天地之数,有十二万九千六百岁为一元。将一元分为十二会,乃子、丑、寅、卯、辰、巳、午、未、申、酉、戌、亥之十二

支也。每会该一万八百岁。"

　　"造化"一词出自《庄子·大宗师》："今一以天地为大炉，以造化为大冶，恶乎往而不可哉？"简单理解的话，造化可以解释为现代人眼中的宇宙演化规律。"会"和"元"是北宋邵康节《皇极经世》中的时空单位。十二"会"为一"元"，一"会"为10800 年，一"元"为 129600 年。

《西游记》以易与道的精髓开篇，与道家的关系不言而喻。

4.《红楼梦》的开篇

《红楼梦》的开篇写道："甄士隐梦幻识通灵，贾雨村风尘怀闺秀。此开卷第一回也。作者自云曾历过一番梦幻之后，故将真事隐去，而借'通灵'说此《石头记》一书也。""通灵"出自古代道家思想；"梦幻"一词，在道家故事中也多有寓意。如在著名的黄粱一梦故事中，汉钟离正是通过梦点化了吕洞宾。

贾宝玉的身世是这样的："（甄）士隐接了看时，原来是块鲜明美玉，上面字迹分明，镌着'通灵宝玉'四字，后面还有几行小字。""通灵宝玉"四字点破了贾宝玉的一生际遇。贾宝玉，"假"宝玉也，在未曾认得自己的本性 —— "通灵"之前，不过是"假"的宝玉。道家修炼讲究"借假修真"，借助暂时留存在世上的身心，通过正确的方式，假以时日，才能找到本来具有的"真"性。

若能看透纸面背后的意蕴，《红楼梦》就是本道书。

◆红楼对联藏"商道"

现代商业门类、事务繁杂无比，囊括实操技能、专业素质、商业趋势，商业模式分析等等。以传统中国学问来看，这些都属于"事相"的归纳总结。

高手做事，要点在能化繁为简。本篇不拟从"事相"上入手。

笔者讲商道，一般以一副对联为总结。对联出自《红楼梦》，总计十四个字："世事洞明皆学问，人情练达即文章。"简单十四字，道尽人间万象，商业也不例外。

上联"世事洞明"，讲的是事相万千，需一一明晓缘由，洞彻变化趋势。上文提到的各种商业事务，落脚点都在这里。

下联"人情练达"，讲的是洞晓事务的趋势之后，最终还是要回到"人"这个主体上。不管何种商业模式、技术、资金、地域、思想，最终都要落实在"人"上。买单的是人，掌握商业要素的是人，构思模式、实践商业思想的还是人。"人情练达"才是商业中的关键制胜因素。有人曾经这样描述"人情练达"与商业成败的关系——人成了，事情败了，不要紧，总有一天能东山再起；假如人败了，事情成了，也会先成后败。

什么是人情练达？笔者以自己的亲身经历举例说明。

2012年，笔者曾经拜访过一位朋友。他曾是一家IT（互联网技术）公司的省级总代理，后来受南怀瑾先生的影响，开办了一所私立学校。他给笔者讲过一个发生在他身上的真实故事。他说自己曾经对文化完全没有兴趣。1993年前后的时候，自己公司每年的营收就达到几亿元了，自己在当时算是很有钱了。1996年，一个偶然的机会，他受朋友之邀，无意中在香港参加了一次南怀瑾先生的饭局。当时正是春节期间，大家约好正月初一晚上吃饭。他回忆说，自己踌躇了半天，要不要给南怀瑾先生红包呢？按照香港的规矩，这个时候，尤其是见长辈，是要给红包表示敬意的。他心里想：对于南先生这样的高人，给红包好像很俗；不给吧，又不符合礼仪。想来想去，他一咬牙，就包了一个大红包。没想到老爷子一见到他，一把就把红包接过来，然后招呼他："坐坐坐，吃饭。"吃到最后，老人家一拱手说："谢谢诸位来看我啊！按照香港的规矩，我要送给诸位一个红包。"然后，老人家请秘书给每一个出席饭局的人发了一个大红包。朋友回家才发现这钱被原封不动地给退回来了。原来老人家请人把红包拆了，不动钱，重新包了一个与所收红包一样数额的新红包。当时朋友就服了。这才叫有文化嘛，既没有破规矩，又不会让人有亲疏远近之感，老人家还没有收钱。那一刹那，他感受到了中国文化的另外一层意味。他自己后来体会到，没有文化的滋润，很难把事业做长久。

◆ 一文钱翻身记

在清末时期许奉恩所著的笔记小说《里乘》中有一个"一文钱"的故事。

甲乙两位徽商，携带大笔资金来苏州做生意。两人各恋一风尘女子,没过多长时间,便花光了所有本钱。很快,两人只能典当衣物,白日行乞,夜睡古寺。马上到年关了,两人没钱也没脸回乡。一天晚上,两人捡得几许枯柴,生火取暖,相对唏嘘。

徽商甲将腰间摸出的仅存的一文钱扔在地上,长叹道:"千金散尽,留这一文钱,又有何用?"徽商乙心头一动,赶紧捡起这一文钱,说:"这可是仅存的硕果啊,老天还给我们留下一线生机,安知这不是剥极而复的征兆?"乙说完就拿着一文钱离开了,走之前对甲说:"你安心等我,我自有打算。"不一会儿,乙拿着一大把竹片、干草、破纸、鸡鸭毛,还有一点儿面粉回来。乙将面粉调成糨糊,将干草缠在竹片上,蒙上破纸,再粘上鸡鸭毛,一晚上做了二三百件禽鸟纸玩具。

待到天光大亮,两人带着纸做的禽鸟玩具至玄妙观。

玄妙观是游人众多之地,春天更是游人如织。在玄妙观旁,妇孺人等看到两位徽商的手工玩具,觉得做得太像实物了,便争相购买。不一会儿工夫,两人就卖光了所有的纸玩具。

每件禽鸟玩具以十数钱出售,甲乙二人收入了五千多文钱。甲感叹于乙心灵手巧,乐不可支。直到此刻,乙才告诉甲,竹片、草茎、破纸、鸡鸭毛都是从市场中拾来的,真正需要花钱的就是那一点儿面粉。面粉呢,刚好花费了一文钱,这就是全部"家当"。

自此以后，甲乙二人用一文钱赚来的钱，购买纸张，拾来毛羽，做成花草人物，夜晚劳作，白天售卖。从春到夏，不过百日，两人就赚了三千多吊钱。后来二人见好就收，改为囤积货物谋利。不到两年，两人便积资数万。他们在苏州阊门开设布店，为不忘本，大书"一文钱"三字做成匾悬挂在门上。从此，"一文钱"名扬苏州，生意日隆，持续富裕了二百多年。

在这个故事中，我们很容易就发现道家思想的影响。择其大要言之，影响有二。

影响一：福祸相依。纵观甲乙的际遇，《道德经》第五十八章的"祸兮，福之所倚；福兮，祸之所伏"，第九章的"富贵而骄，自遗其咎"，正是二人从腰缠万贯的浪荡公子变为街头乞丐的写照。

影响二：剥极而复的易道思想。在流落街头时，甲垂头丧气。乙看到甲扔掉的一文钱，他的信念是"剥极而复"。剥是山地剥卦，复是地雷复卦。以自然现象来理解，剥极而复就好比冬天落叶入土，天地间一片萧条，而冬去春来，天地间会显现新的生机。北宋邵康节解释"复卦"："循环往复，生机复萌；成功在望，性急即败。得此卦者，时运好转，顺势而为，谋事可成，但不宜过于急进。"简言之，就是虽然眼前极端困苦，但是一线生机已然出现，要小心护持生机，从而改变命运走向。

甲乙两位徽商在破败中看到希望，从一点一滴开始积累，同时随着时局的变化及时转换经营思路，最终转败为胜。

◆ 穿越时空的全真思想

2020 至 2022 这三年，我们明显感到了全球化和逆全球化的博弈力量。身处博弈局势之中，为了能够清楚地看到全局，我们不仅要纵向反观中国历史，而且要中西对比，看看西方历史长河中的精彩思想。

对比研究西方的思想精华，马克斯·韦伯是一位绕不过去的人物。韦伯是德国社会学家、历史学家、经济学家，是现代西方一位极具影响力的思想家，与卡尔·马克思和埃米尔·杜尔凯姆并称为社会学的三大奠基人。

在其名著《新教伦理与资本主义精神》中，韦伯提出了一个知名的论点："新教徒的生活伦理思想影响了资本主义的发展。"在韦伯的经典著作中，他多次讲到，英国清教徒的伦理精神让他们在人间的尽心"劳动（labor）"来完成"天职（calling）"，这是促进英国资本主义和商业社会发展的重要因素。

假如韦伯读过全真教的文献，他会惊奇地发现，原来中国全真教早于清教徒五百余年，就有过类似的伦理思想。

例如，全真教创教祖师王重阳曾在其《重阳立教十五论·第十二论》这样讲："入圣之道，须是苦志多年，积功累行，高明之士，贤达之流，方可入圣之道也。"人间的辛苦劳作，正是积功累行的必经之路，有了足够的功行，才可进入"入圣之道"。这段话的含义，正是所谓"以出世的精神，做入世的事业"。

相比而言，全真教第二代掌教丘处机的所言所行，更体现了王重阳立教第十二论的思想精髓。

首先，我们来看丘处机的语录。王志谨《盘山语录》记载丘处机的语录如下：

> 往昔栖山时，终日杜门，不接人事，十有余年，以静为心，全无功行，向没人处独坐，无人触着。不遇境，不遇物，此心如何见得成坏？便是空过时光。若天不利物则四时不行，地不利物则万物不生，不能自利利他，有何功德？故长春真人曰："动则安人利物，盖与天地之道相合也。"

在语录中，丘处机非常明确地提出，如果只是杜门不出，不与外界接触，就是"空过时光"，修炼不会成功。他直言"动则安人利物"，那么，怎样做才算得上"安人利物"？我们来看另外一段记载。

山东邹城有陈绎曾《重修集仙宫碑》。碑文中特别推崇丘处机在"安人利物"方面的成就。碑文说：

> 予闻全真之道，以真为宗，以朴为用，以无为为事，勤作俭食，士农工贾，因而器之，成功而不私焉……而重阳宗师长春真人，超然万物之表，独以无为之教，化有为之士，靖安东华，以待明主，而为天下式。

碑文中"勤作俭食，士农工贾，因而器之"说的是在日常生活方面的"安人利物"；"以无为之教，化有为之士……为天下式"说的是在人生观方面的"安人利物"。值得注意的是，"士农工贾，因而器之"，其中的"贾"，说明古代商人显然认同全真教的伦理，并将其贯彻到商业实践中。

在全真教的文献中，还提到了劳作需尽心尽责，不贪恋睡眠等伦理观念，不仅有伦理上的解释，更有行为上的细则。流传至今的"全真清规"这样写道：

> 凡全真作务，各有威仪戒忌。凡作务，不得辞劳苦。平日当爱惜常住物件。不得狼藉米谷粉面食。凡洗菜，当三易水。凡汲水，当先洗手……扫地当先沥水。每方五尺作一次。不得扬尘扫，不得逆风扫，不得聚灰土于门扇后。

洗菜时需要换三次水。扫地时要先洒水，且不能扬尘、逆风扫，不能把扫出来的灰尘简单堆在门后等等。用现在的观念看，全真教对于劳动的理解，既有理论、有标准，又方便落地执行。

而在英国清教的伦理中也有类似的看法。例如浪费时间是罪恶，睡眠过长不符合道德要求，在人间劳作必须勤劳。两相对比，不难看出，清教徒的这些伦理简直就是全真教伦理的英国版本。

韦伯论断清教徒伦理促成英国商业社会大发展。从这个角度看，我们也有理由认为，全真教伦理是支撑明清商业发展的重要因素。

作 者

彭湃，中欧国际工商学院国学会创始理事，《中国中小企业》杂志社原社长，《〈论语〉中的商业智慧》作者，凤凰网国学FM《彭湃讲论语》主讲人。曾负笈海外，熟知学术脉络，归宗于中华元典精神，以经典文本与身心实证互相参照。于上海、浙江、江苏、四川、广西等地主持百余场的传统文化主题研修课程/工作坊，累计参与者约八千人次。

家风家教构建家族企业的"两个健康"

安　静

　　宁波杉杉股份创始人郑永刚去世之后,其子郑驹与遗孀周婷的控制权之争引发上交所、媒体和公众的广泛关注。3月23日,郑驹被选举成为董事长,周婷出现在董事会现场,表示自己应为实际控制人,指责董事会擅自审议未经自己审阅和同意的议案并对外发布是违规和错误的。

　　这个事件体现了众多民营企业家面临的多重家族、治理和传承危机。此前,笔者研究了多个家族企业的夫妻财产纠纷、父子/兄弟之争等案例,案例中均有家族内部的激烈冲突。其中部分已经从企业家的"家事"演变为"企业事",甚至成为员工、业主、股东等相关人群的社会问题和公众事件。

　　"家风好,就能家道兴盛,和顺美满;家风差,难免殃及子

◆祠堂是家族的"引力场"

孙，贻害社会。"习近平总书记强调。企业家作为对民营经济影响力最大的群体，作为家族企业的带头人，其家教和家风已经不仅仅是自己个人和家族的家事，更直接关系到家族所控制及影响的企业以及企业股东等利益相关者。

所以企业家的家教、家风关系到民营企业的兴衰，尤其直接影响到企业治理、企业文化和企业传承，影响千千万万的企业员工。构建家族与家族企业的双重治理结构，更需要形成专

业化、规范化的家族文化建设和企业治理，构建家族事务与企业事务的"防火墙"，避免家族冲突引发企业危机。

◆ 齐家平天下

"积善之家，必有余庆；积不善之家，必有余殃。"家庭工作是国家治国理政和战略布局的重要环节和内容。习近平总书记的讲话中一直强调"家国关系""家国一体"，新时代的家国关系就是中国梦和家庭梦的高度统一。早在 2016 年 12 月 12 日，习总书记在会见第一届全国文明家庭代表时强调，家庭是社会的细胞。家庭和睦则社会安定，家庭幸福则社会祥和，家庭文明则社会文明。

2021 年可谓为"中国家庭家教家风年"。2021 年 1 月 1 日《民法典》正式实施，旧《婚姻法》废止；2021 年 7 月，由中宣部、中央文明办、中央纪委机关、中组部、国家监委、教育部、全国妇联印发《关于进一步加强家庭家教家风建设的实施意见》（以下简称《意见》），推动家庭家教家风建设的高质量发展；2021 年 10 月 23 日，《中华人民共和国家庭教育促进法》通过，对于婚姻、家庭、教育等问题进行了法律法规调整。

这一系列法律法规意见所倡导的主旨是高度统一的，即"婚姻家庭的倡导性规定"中的"家庭应当树立优良家风，弘扬家庭美德"。习近平总书记一直强调要动员社会各界广泛参与，推动形成爱国爱家、相亲相爱、向上向善、共建共享的社会主义家庭文明新风尚。

而对于民营家族企业家而言，其家庭既是社会的细胞，也是民营企业的实际控制人。企业家的家庭和睦幸福，则家族企业安定。企业家的社会公德、家庭美德及个人品德建设向善与否，影响着民营家族企业的走向。

"本想着福星高照,结果家破人亡。"在我们研究的因为夫妻冲突而引发的家族企业危机的众多案例中,其中的众多恶性事件最终演变成为家族悲剧乃至家族企业悲剧。蓝翔技校的跨省打架事件导致蓝翔技校校长荣兰祥的前妻孔素英及蓝翔高管员工均牵连其中,多人入狱。真功夫离婚案后,真功夫餐饮管理有限公司创始人、原董事长兼总裁蔡达标和家族成员以及真功夫员工也均受牵连入狱,其仅19岁的女儿及老母亲等人举着横幅喊冤。

因此,作为家族企业的实际控制人,不能让自己的个人权力过于膨胀,不能让家族对企业的影响力缺乏约束,更不能置家族安危、企业存亡于不顾。所以家族企业更需要有外在及内在的约束力。外在的约束力是现代家庭观、公序良俗及法律规范等,而强有力的家族内在约束力即是家教家风。尤其是家企一体的家族企业,企业家的家庭关系直接影响到"家企关系"。企业家们要能够厘清家族冲突,更要走出"小"家,融入"大"家——将个人梦和家族梦融入企业与社会。

◆ 加强"家族企业两个健康"

"天下之本在家",而对民营企业中大多数的家族企业来说,企业之本更在于"家"。家族企业的股权结构、治理结构以

◆传统雕刻技艺

及对企业的控制权，都以企业家及其家族持有为主。作为社会的家庭细胞，作为民营经济中以"家庭"为核心的股东和实控人群体，作为民营经济领域的领导者，家族企业的企业家担负着影响股东等利益相关群体的责任，这种责任影响着包括股东、高管及员工的生活与家庭。能力越大，责任越大。对企业控制力和影响力越大，意味着企业家们的个人及家庭的道德规范、家族价值观对企业有着越深远的影响力。

习近平总书记指出："非公有制经济要健康发展，前提是非公有制经济人士要健康成长。"特别指出希望民营经济人士加强自我学习、自我教育、自我提升。民营企业家要珍视自身的社会形象,践行社会主义核心价值观,弘扬企业家精神。

所以,作为非公有制经济重要组成部分的民营经济的企业家,应当国之平天下、家之齐家、身之修身,提升家族企业治理水平,促进民营经济"两个健康"。在此,我们倡导家族企业的企业家们更要加强另一种维度定义的"两个健康",即"家族健康"及"企业健康"。其中"家族健康"既包括企业家的"个人健康",如身体健康、心理健康、思想健康和精神健康等,还包括企业家的家庭幸福、婚姻美满及健康的子女教育。而家族企业健康则包括家族企业治理层面、企业管理层面的健康,以及企业系统内的更多的利益相关者,如高管、员工和关联合作方的健康等多维度。

家庭健康可以包括《民法典》中所提出的婚姻家庭作为伦理实体,遵循互相尊重、敬老爱幼、互相帮助的伦理道德。在《民法典》中的婚姻家庭编中,加强了对婚姻稳定问题的关注。通过强化遏制破坏婚姻家庭的行为,加强对违反婚姻家庭制度规定、破坏婚姻家庭关系的行为进行惩戒的力度,其中包括通过扩大无过错方的救济途径和期限、扩大追究过错方民事责任的范围等。在婚姻家庭领域,个人主义特别是极端的利己主义是婚姻家庭冲突、纠纷乃至解体的罪魁祸首。

◆ 企业家的家庭健康

民营企业家作为中国民营经济的主体力量，作为民营企业的带头人，也是非公有制经济和非公有制经济人士群体中的核心力量，应成为家庭家教、家风建设的楷模和榜样。企业家应承担起"成风化人"的社会责任，在家庭、企业及社会上引领社会主义新风尚、新氛围，提高自身的道德水准，带动提升全社会的公民道德建设水准。

当然，我们也必须了解，企业家的性格特质、心理状况比较特殊。在过去40多年改革开放的过程中，企业家的个人经历、婚姻状况和家庭状况都比较复杂，其家庭会不可避免地存在更复杂的家庭关系和家族冲突。企业家除了担负家庭责任外，更承担着超出常人的企业责任和社会责任。他/她将接受着来自各方的巨大精神压力和心理压力。例如原葵花药业公司董事长关彦斌情绪失控，持刀伤人，在审判过程中也提交了其患有精神疾病的相关证据。

在企业家的个人健康方面，不论是以夫妻、父子为代表的直系家庭成员，是表亲、姻亲等旁系关系的家族内部成员，还是企业高管、员工、股东等利益相关者，抑或是政府、商会等外部组织,都需要对企业家的压力和精神状态进行一定程度的疏导和支持。

家族企业中,企业家的婚姻比平常人家复杂。原因在于其在家族企业创业和发展的过程中产生的财富积累和夫妻财产既要考虑到更复杂的经济因素,也要警惕市场经济规则在企业家庭领域中的过度作用。因此,保持家族稳定,也是保证企业稳定的重要因素,即便是夫妻俩走到"一别两宽"的地步,也应该"良性离婚",警惕家族出现内部危机,尤其是防止家族危机影响企业。

相亲相爱的家庭关系是新时代社会主义家庭文明新风尚建设的重要内容,《民法典》加强了对婚姻家庭的保护,第一千零四十三条规定:"家庭应当树立优良家风,弘扬家庭美德,重视家庭文明建设。夫妻应当互相忠实,互相尊重,互相关爱;家庭成员应当敬老爱幼,互相帮助,维护平等、和睦、文明的婚姻家庭关系。"

"向上向善"的家庭美德是新时代社会主义家庭文明新风尚建设的价值导向,是家庭美德的核心。向上向善,指明了弘扬家庭美德的价值追求,是支撑中华民族生生不息、薪火相传的重要精神力量,是家庭文明建设的宝贵精神财富。

《民法典》中的婚姻家庭编是新时代家庭观的制度体现,是新时代社会主义家庭文明建设的保障。要通过强化公序良俗的法律保护，以弘扬向上向善的家庭美德，将公序良俗确定为民事主体的行为规则和处理民事纠纷的裁判规则。

◆ 双重治理的企业健康

家族企业存在着双重治理逻辑，即家族逻辑和企业逻辑。家族逻辑对企业逻辑的影响主要来自"家文化"，所以东方文化中的家风家教、家训家规等家族价值观是家族企业基业长青的重要因素。

"家文化"其实是许多民营企业创始基因的一部分，因为许多企业正是基于家族关系和家族人力资本而开始创业的。"家文化"既是民营企业创业初始期高管和员工的文化基础，也是家族企业的基石，已经融入企业文化、治理模式和家族情感财富的根基。为了防止家庭事务对企业的影响，企业应打造家族与家族企业之间的冲突防火墙，避免"家事"变成"企业事"，避免对企业、高管、员工及股东等引发负面影响和社会问题。

"家风"（family style）又称门风，指家族世代相传的风尚、生活作风、价值准则等。于企业家的家族层面，家风是不同时代社会道德规范和核心价值观的缩影，具有很强的开放性和发展性。家教与家风的根本是在于家族在长期的家庭生活中所形成的个人、家庭乃至整个家族的价值选择、道德取向，尤其是要遵守公序良俗，不违背道德、法律。2021年从《民法典》到《意见》，再到《家庭教育促进法》，正是从法律法规、制度规范和行为准则的多方面，彰显国家法律和公共政策的价值导向。

家风代表家族文化，对家族成员的道德规范和价值观往往具有权威性、榜样性作用。作为民营企业的带头人，企业家更是企业及社会的标杆与榜样，民营企业家要成为全社会的道德楷模，更需要做好家风建设的表率，把修身、齐家、平天下落到实处，带头注重家教、家风建设，以实际行动带动全社会崇德向善、遵法守法的氛围。

而在企业逻辑中，许多企业家已经将家风建设作为企业文化和领导力建设的重要内容，营造崇德向善的企业氛围，树立企业良好风气。作为中国企业，要讲好的是中国管理故事，企业家应以中华优秀传统文化和传统价值观为基础，让中华民族文化基因和家风建设深化到自身的家庭和家族中，再影响及带动企业的高管与员工们。企业家应把家风建设作为家族企业中的企业文化、领导力建设的重要内容，弘扬真善美，抑制假恶丑，营造崇德向善、见贤思齐的社会氛围，推动社会风气向上向善。

家族企业家的下一代即是家族企业的未来接班人。"小成靠智，大成靠德"，家族接班人要"德能兼备"，需要通过潜移默化的家风、家教来发挥作用。在家庭中形成稳定的生活作风、生活方式、道德规范和为人处世之道，是"无形的身教"。家族企业良好的家风、家教更是对下一代的教导、培育、涵养和教化，是一种强大的耳濡目染的教育力量。

因此，企业家注重家庭的家教、家风建设，即是为中国培养新一代的经济新生力量和带头人，对家族企业、非公有制经济及中国社会具有深远影响。少年强则国强，下一代企业接班人强，则国富企业强。

作者

安静，清华五道口金融学院全球家族企业研究中心高级研究专员，曾担任中欧国际工商学院家族传承研究中心兼职研究员、《接力》杂志主编、常青藤家族企业研究院常务副院长等，专注于家族企业治理、家族财富管理和家族企业传承等研究领域。

中国人的家风家训与家族传承

——传家风　兴家业

张正彬

先讲一个故事，说的是幸与不幸。有两家邻居：一家是住在楼上的教授夫妻，他们的两个孩子都是欧美留学博士，他们家是人人羡慕追捧的成功家庭，幸福美满；一家是住在楼下平房的工人夫妻，他们的孩子也是用双手讨生活的劳动者，他们家自感平庸、低人一等。因是邻居，两家低头不见抬头见，自然少不了交际。每逢周末假日，工人家里子孙齐聚一堂，热热闹闹；教授家中则冷冷清清，逢年过节也不见儿女身影，甚至连问候的电话也没有。远亲不如近邻，两家逐渐熟悉后，教授家里包括水电暖等大事小情都是邻居家帮忙处理。最后教授夫妻老迈行动不便，患病时都只能靠邻居子女帮忙送到医院照顾。

这则故事不仅仅是让我们换一个角度来感受幸与不幸的生存理念，还折射出更深层次的问题。这就是在新的时代背景下，传统伦理观念的延续与割裂仍然对一个家庭的兴旺与否产生着直接影响。而传统伦理观念的传承，则主要靠家风的诱导、滋养、培育，在耳濡目染之中达到润物细无声。说得更直白一点，好的家风就是幸福的源泉，是家族世代兴旺的内在动力。

◆ **好的家风，成就家族兴旺发达**

古人云："养不教，父之过。""不学礼，无以立。"毫无疑问，教授家庭在传承上缺少了伦理道德这方面的言传身教，儿女虽然优秀，但是对父母的关照太少，让整个家庭有分崩离析的感觉；而平庸的工人家庭仍然运行在传统伦理观念的轨道上，每日生活在柴米油盐之下反而显得生气勃勃。

古人说："仓廪实而知礼节，衣食足而知荣辱。""仗义每从屠狗辈，负心多是读书人。"这两句话非常有意思。毕竟生存是第一要义，在衣食无着的情况下，人们为了生存可能顾不上太多道德。但为什么有些有知识、饱读圣贤书的人却没有了道德下限，反而不如"屠狗辈"的普通人呢？

这得从一个人的动机来解释，而动机又来源于道德情操或者修养。

◆四川成都洛带古镇

道德是一个人涵养与修为的集中体现，而中国传统文化的至高追求是修身、齐家、治国、平天下。《礼记·大学》有云："古之欲明明德于天下者，先治其国；欲治其国者，先齐其家；欲齐其家者，先修其身；欲修其身者，先正其心……心正而后身修，身修而后家齐，家齐而后国治，国治而后天下平。"

也就是说，要想实现治国、平天下的远大理想，首先要修身、齐家。"一屋不扫，何以扫天下。"所以，自古以来修身就是安身立命之本，是生命的支点，是立业的起点。只有修身，才可以养成"穷则独善其身，达则兼济天下"的高尚情操。因为在中国传统文化当中，家庭就是一个人的根据地。无论你走多远，在外面经历了多大的坎坷，有多么不如意，只要回到家中，全部的烦恼和失意都会烟消云散。原因就在于，只要家里父母健在，一切都不是事儿。

那么，如何做到修身、齐家呢？

"父母在，不远游，游必有方。""老吾老，以及人之老""百善孝为先。""孝"始终占据着传统伦理观念的首要位置，只有尽了孝道，和睦了亲情，稳固了家庭关系，才能进而达到修身、齐家的目标；否则，就会本末倒置，欲速则不达。而"孝"的养成，又需要父母的德行传承，身体力行。俗话说，老人无德，一家灾殃；子女不孝，没有福报；男人无志，家道不兴；女人不柔，把财赶走。这就要求在日常生活中，或者在儿女的成长过程中，老人要宣扬家风，父母要示范家风，夫妻要掌舵家风，子女要继承家风，孙辈要顺受家风，兄弟姐妹要竞比家风。所以，好的家风产生好的家教，好的家教成就家族兴旺发达。

十多年前，笔者在民俗文化的调研中，了解到这样一个典型的事例。

在我国西北的巴丹吉林沙漠边缘，坐落着一个百十来人的小村庄，周边戈壁荒漠环绕，人们仅能靠耕田度日。有一运姓人家，在重修祖坟时，要重修家谱，便广而告之，有钱的出钱，有力的出力。运姓子孙，无论远近都奔走相告，生怕遗漏了自家任何一个人。家谱修好后，竟然聚集了海内外2600多名人口。但凡能回到故乡的子孙都齐聚祖坟，并且每家都请回一本家谱，大家都喜气洋洋。

长期以来，这里由于经济欠发达，人们的日常仅能温饱，在传统上并没有修家庙、建祠堂的习俗。但是，仅仅一本家谱，为何能够延续几十代、聚集2600多名子孙呢？

追根溯源，运姓人家祖祖辈辈特别重视家风家训的传承。其家谱记载，祖上有一读书人，在民国时期当过校长，中华人民共和国成立后回家养老。他每天穿件破长衫，背个芨芨草编的筐，手拿小铁铲，在田野里捡拾驴马牛粪，积攒肥田。每次在村道巧遇背着书包去上学或者下学回家的小孙子，他立马放下粪筐、小铲子，退到路边，垂下双臂，低首弓背，等着小孙子走过才挺身离去。他的这个举动彰显着对于读书人的恭敬。暂且不论这个举动是否酸臭、作秀，仅仅给孙子内心的震撼就可想而知：不努力读书，怎么也对不住爷爷的这一个鞠躬。还有一则故事说，民国时，运姓一个子孙由寡母抚养长大。因娇生惯养，他游手好闲，还欺男霸女且屡教不改，族人对这个败坏门风的不孝子深恶痛绝。族长召集远近本家族人，令每家出一担柴草、一桶清油。族人们齐聚到村前土山下，垒起柴草，浇上清油，将这不孝子五花大绑押到柴草垛并将其活活烧死，决定将其孤母由族人轮流供养送终。这一举动，暂且不论是否合法，对运姓众多子孙的警示作用和内心的震撼不言而喻。这也应该是运姓子孙繁衍兴旺的根源。

在现实生活中，好多人都渴望自己的家族能够绵延兴旺。但"富不过三代"的事例又比比皆是。究其缘故，自然是子孙骄奢淫逸、不求上进所致。

◆家风家训，就是教育的根基

家风家训是一个家庭乃至一个家族的灵魂。它的存在，对家庭或者家族成员的教育和影响好比房子的地基，"打"得越牢固，对子孙的影响就越深远。而一个家庭或者家族没有了家风家训的传承，就失去了教育的根基，也就缺失了家传的灵魂。

家风家训源于我国古代乡土亲缘社会，也就是传统的家庭教育。传承的是古圣先贤倡导的价值观、伦理观与道德观，包括基本的方法与行为规范。而优良的家风家训，其终极目的就是要达到"家和"，进而"万事兴"，最终达到家族的世代繁盛。

因此，古往今来，凡是家族繁衍兴旺者，都讲求生活有序、长幼有序、传承有序，从小做人就要学会廉、耻、礼、义。传承千年的孔融让梨、孟母三迁之举，正是古代家风家训的典范。

　　一百多年前，曾国藩在家书里就为我们揭示了家庭传承与教育的重要性。《曾国藩家书》中记载："子弟之贤否，六分本于天生，四分由于家教。"意思是一个人一生是否有大的作为，有六分是遗传基因决定的，四分完全是由家庭环境决定的。

　　为了营造家庭的和睦氛围，达到"家和万事兴"，《曾国藩家书》中特别提到孝悌。曾国藩认为一个人若不孝顺父母，可能对谁都不真心，兄弟姐妹之间也不会和睦相处。家庭有了和睦的氛围，人人在家里就很舒服，子孙读书创业就会心无旁骛，整个家族就会兴旺发达；少了这种和睦的氛围，家庭就有了衰败之气，进而可能分崩离析。一般的官宦之家，兴旺之运大多不会延续超过一代人，因为当官的家庭往往会出一些纨绔子弟。做生意的家庭，兴旺之运大多不会延续超过三代，因为做生意的家庭会有一些生意上的技巧传给子孙。耕读之家，兴旺之运大多不会延续超过五代，因为勤劳的精神可以传给子孙后代。孝友之家因为互敬互爱建立的凝聚力，兴旺之运大多可以延续超过十代人。当然，曾国藩认为，要让家庭保持兴旺，还需要有勤俭持家、以身作则、宽以待人、读书修为等方面的德行。而曾国藩的家族之所以长久不衰、人才辈出，与他所传承的家风、所立的家训密不可分。这样就形成曾家独特的家庭观，且代代相传，生生不息。而在中原和南方大部分家族文化底蕴深厚的地区，直到今天，在每年的年终或者年首，都要将族中老幼聚在祠堂中，重温家风家训，总结检讨一年的得失。族中但凡有读书、成家立业的子孙，都会慷慨解囊扶助；对贫困之家，更会互相扶助，渡过难关。拥有这种荣辱与共的家风，自然会兴旺发达，成就未来。

◆家风家训，当与时代同步

家风家训作为中国传统文化的重要组成部分，源远流长，内容丰富，蕴含着传统文化中特有的仁义礼智信、温良恭俭让等美德，以及修身、齐家、治国、平天下的高尚情操和至高理想追求，是古时人们衡量自身所作所为的重要准则。

进入新的时代，尤其是置身于互联网时代的大环境下，新生代的年轻人更强调个人的独立性，家庭环境和家庭形态以及家庭成员的联系都发生了翻天覆地的变化，家族的概念日渐变得模糊。那么自古传承的家风家训在当今社会还有存在的必要吗？

习近平总书记在关于弘扬中华优秀传统文化的重要论述中强调深入挖掘和阐发中华优秀传统文化讲仁爱、重民本、守诚信、崇正义、尚和合、求大同的时代价值，就是希望在当今经济社会深刻转型变革、价值观念多元多样的形势下，深入挖掘和阐发中华优秀传统文化中蕴含的时代价值,汲取适应时代发展的思想精髓,努力实现中华优秀传统文化的创造性转化、创新性发展。

纵观历代家风家训的内容,主要体现的是中华民族的优秀传统美德,以使其在时代的潮流中立于不败之地。因此,在新的时代背景下,倡导优秀的家风家训,不仅有利于弘扬中华优秀传统文化,也有利于培养子孙的良好品行和健全人格,更有利于孩子的健康成长和全面发展。

家风是一个家庭乃至一个家族长期传承和因袭的传统风尚、风气,俗称门风。而家训则是一个家庭乃至一个家族针对后代子弟所长期传承的立言、训导、训词、训诫和家规族规等。这二者之间有着密切的因果关系,也体现着家教,是人们评价一个家庭乃至一个家族风气的常用词。因此,人们在见到一个人的行为时,就会情不自禁地想到这个人的家风如何。而衡量一个家庭或者家族的家风好坏、是否能够兴旺的唯一标准,就是这个家庭或者家族有没有未来,有没有蓬勃向上的原动力,即内在的驱动因素和家教氛围能不能把家风家教转化为子孙的价值追求,引领子孙规范自身的行为,养成良好的品质,解决其在成长成才过程中遇到的困难或问题,促进其健康成长和全面发展。

而在现实生活中，因家风失范、家教缺失，导致后代的价值观出现偏差，自尝恶果的事例屡见不鲜。老人说，家庭不和，必有灾祸；家风不正，祸乱不远；宠溺后代，后患无穷。一个家庭留给孩子最好的财富，不是房子、车子和票子，而是良好的家风家教。无家教则无教养，无教养则无成人。家教的缺失，很可能败坏门风，造成"养子不教如养驴，养女不教如养猪"的结局。这就说明，一个人良好的道德修养和进取精神，首先来自家风的传承和家教的培育。

因此，今天的家风家训就是一个家庭的精神风貌，也是社会和国家风气的缩影。它与社会主义核心价值观、公民道德修养和文明素养密切相关，对于个人成长、社会进步、国家昌盛都有着相互促进的重要意义和作用。家风家训要与时代同步，与习近平总书记的教导契合，符合社会公序良俗和国家法律法规，内容简洁明了，易记上口，且具有可操作性和约束力，便于执行。

作　者

张正彬，剧作家，现为甘肃省作协会员、民协理事，酒泉市民协主席，肃州区文联副主席，喜好书法。先后创作、演出大中小剧目上百部。其作品曾获得"敦煌文艺奖"、酒泉市"五个一工程"奖等多种奖项。

略谈企业家的清心明志之路

——涵养清气 族业绵延

谢 逸

《2022 意才·胡润财富报告》显示,截至 2022 年 1 月 1 日,中国家庭拥有的总财富达 168 万亿元人民币,其中预计有 19 万亿元将在 10 年内传给下一代,51 万亿元将在 20 年内传给下一代,98 万亿元将在 30 年内传给下一代。

这意味着在后疫情时代里,在变化多端的商战风云中,年轻而肩负家族事业期待的一代要有足够的精、气、神应对自己人生路上的林林总总,以及事业发展中的重大抉择。

参阅东西方的企业家故事传记,我们不难发现一个普遍的现象,那就是他们中大多数人的精力都是极其充沛的,并且能在常态化的高压力生活和工作环境中保持着快速调节自我状态的能力。

◆中国古代文人墨客书桌

如果再深究其原因，我们就会发现他们很多人都有着各种"秘诀"：要么归于童年时代的各种磨炼，要么归于成长路上的关键指引，要么归于自然生发的兴趣雅好……不管何种方式，都能让现在的他们保持着敏锐的直觉和警觉。

这些成功企业家的生命状态，或许可以归结为"动静相宜、己为心主"。他们能够在繁忙里做到"心静神凝"。这种"动中静"的修为，能够让人去躁去奢，从而在面对纷繁复杂的局面时，沉着冷静，快速决断。

所谓"形动而心静、神凝而迹移者，无为也。闲居而神扰、拱默而心驰者，有为也。无为则理，有为则乱"（《遵生八笺》）。

这就是道家所倡导的"无为"之高层次意味。

然而,此等"有行之无为"是非常不容易做到的。

◆ 王阳明的"心清至诚"之路

王阳明是明代的理学家、教育家,也是一位官二代和富二代。他曾在弘治十六年(1503)应浙江绍兴府太守之邀,为在旱灾中苦苦挣扎的当地百姓写下祈雨祭文。当太守问及如何祈雨时,王阳明答道:"至诚而不动者,未之有也。"

阳明先生一代圣贤虽不可复制,但他成为圣贤的"心清至诚"之路却是可以证实的。尤其当身处要职,肩负家族企业兴盛绵延的使命时,每一位"当家的",都需要在声色犬马、喜怒哀乐、义利交合的红尘中,练习"心清"的本领。否则很难以至诚之功,调动企业内外的千军万马,使上下合心、内外合力,从而在惊涛骇浪的商战海洋中保持清醒与常胜。

◆ 去浊与企业家的情绪控制

据《2020年中国企业家健康绿皮书》统计数据显示,每100位民营企业家里,有近70人颈椎异常,有超过45人可能患有甲状腺结节、脂肪肝等常见疾病。脑卒中、急性心肌梗死这类疾病是威胁民营企业家健康的"杀手"。失眠这类问题,

◆藏地朝圣者

对于企业家来说更是家常便饭。

　　尤其年轻一代在接手长辈打下的江山后，面临的不仅仅是激烈的市场竞争，还有企业内部复杂的管理和人事决断。因此，优良的心理素质和健康的身心状态，是现代企业家个人成长和事业发展的根基。

　　如何保持优良的心理素质和健康的身心状态呢？

　　清与浊相对。当我们说"心清"时，指向的是"去浊"。这里的"浊"或是污染环境的有害气体，或是让身体抱恙的病气，或是让情绪波动的意气，或是让心智迷惘的不良之气……

有的中医认为"人有三浊"：浊气、浊水、浊物。其中浊气的产生与人的不良情绪有直接的关系。人体会因生气、郁郁寡欢、悲伤、愤怒等情绪因素而引发食欲不振、打嗝、腹胀、胸闷、头疼、头晕、失眠、多梦、便秘等状况。

因此，浊气主要和情绪相关。中医常讲，思伤脾，怒伤肝，忧伤肺。

思、怒、忧，不正是常态性缠绕年轻企业家们的情绪吗？身为企业的接班人和灵魂人物，时时面对生存与发展、竞争与合作、利益与荣誉等挑战，怎么可能不烧脑、不担忧、不动气呢！

2017 年，一部名为《冈仁波齐》的电影低调上映，当时很多观众都将其归为"冷门"。然而很多观众有所不知的是，这部电影上映之时曾经引领过一场"企业家观影潮"：亚洲地区规模最大的投资基金之一 —— 高瓴资本，包场请投资人和创业者观看；新东方创始人俞敏洪，向全国新东方机构发通知，请所有员工免费观影；美团创始人王兴，在电影院中边看边流泪，近两个小时的电影时长里，他本人感慨万千。

笔者也细细看完了《冈仁波齐》，之后静默许久。整部电影近乎默片，记录了十个普通藏族人和一位孕妇一起朝圣的故事。转山路上，有婴儿呱呱坠地，有老人寂然而去，有温暖体

◆星空下的布达拉宫

贴的陌生人出手相助……他们一路行走，没钱了去赚，赚够了再走。地上有水，他们毫不犹豫地匍匐叩头；路上有坡，他们也毫不犹豫地匍匐叩头……所有的困难在他们的眼里都似乎如风。他们的眼里、心里只有一个念想：冈仁波齐。整部电影中看不到愤怒，听不到抱怨，感受不到委屈。电影的主人公没有被任何不良的情绪所裹挟，在看上去恶劣的条件中一直保持着神态安定，保持着身体健康。这不就是心清而坚、至诚而

力吗？

其实，每一个能够传承到子孙一代的企业，都好像一座"冈仁波齐"；每天在创业守业路上的当家人，都好像百转千回的"企业转山人"。如果不想让辛苦创办的企业昙花一现，而希望企业在代代相传中百年兴旺，那么必须在传承过程中把"心清至诚"的精神接续下去。

◆企业家的"清心明志"法宝

马云曾经在公开场合表示过：企业干到一定程度后，佛家思想少不得；参与竞争之后没有道家思想，赢不得；公司规模达到一定程度后，没有儒家思想持久不得。中国儒、释、道三家的经典思想，当之无愧是年轻企业家的"清心明志"法宝。不过，本文将剑走偏锋，不从经典论英雄，而想聊聊企业家们的爱好。

我们先来看一位明代富家子弟高濂的故事吧。

高濂生长在一个大富之家。他"博闻强识，游诸有名公卿"，不但擅诗文、通医理、会养生，而且藏书、赏花、鉴画、论字、侍香、品兰、度曲无所不涉，无一不精。

高濂集百家之长所编撰的《遵生八笺》一书，在养生学术史上产生了广泛而深远的影响。该书自刻本刊印后不久即远传日本、韩国。曾在中国行医传教的伦敦帝国学院解剖学教授德贞（John Dudgeon）于1895年把此书译成英文。该书成了早期中华文化海外传播的代表。

《遵生八笺》共十九卷，编撰了历代玄经秘典、圣贤教戒，收录了多种修炼方法，总结了不同时令用于生活交友的养生事宜，堪称"养生百科全书"。但高濂此书最核心的意旨还是主张把内心的清净淡泊和对外事的洞明透达作为精神养生的最佳状态，把精神道德的培植和情志品性的调摄放在首要的位置,所以开篇即为"清修妙论笺"。

高濂以生为尊,顺时俟命,在"燕闲清赏笺"中,收集了许多能够陶冶情操、移易心境、增强愉悦、控制不良情绪的方法理论,以多维度助益清欢,从而接近"神而明之"的境界。

高濂还积极参与地方公共事务,会聚乡邻,唱曲演戏,说书弹奏,以一己之力为"富民易教"的传统民治提供了美好的生活典范。

可以说,高濂所代表的明代一批富家子弟彰显了"富而好行其德"的新风。他们践行了一种隐匿于中华传统文化中的美好生活方式,改变了传统的义利观,让商人身上逐利与行义并行不悖的情形出现。当社会中清气生长时,人们就自然不会排斥商人阶层所代表的物质利益。

由此可见,涵养清气是需要时时落实在生活起居和起心动念中的。高濂《遵生八笺》中谈及的起居、饮食、赏玩、居室、远游、交友、却病等都是我们的日常生活。作为富贵人家子弟,高濂在当时的生活完全可以锦衣玉食,但他的诗书涵养和精神修为,让他从纯粹的物质环境中升华,从而达到了尽人之性和尽物之性。"能尽物之性,则可以赞天地之化育;可以赞天地之化育,则可以与天地参矣"(《中庸》)。

再来看近代几位知名人士的爱好吧。

有网络文章写到，屡获大奖的女演员梅丽尔·斯特里普（Meryl Streep），花了很多时间在针织上。她发现这个爱好有治愈功能。她说："这（编织）是一个可以收集我的想法和对生活理解的方式……这是一个可以清空自我的地方。"

另一位女企业家——雅虎首席执行官玛丽莎·梅耶尔（Marissa Mayer）则一直喜欢烘焙。她说："因为我很热爱科学，最好的厨师都是化学家。"她喜欢用实用的方法来烘焙，并制作了电子表格来分析蛋糕和糖霜的食谱："我的爱好使我可以更好地工作，它们培养了我的创新精神和看待事情的方法。"

"心无所营，而神清气朗，物无容扰，而志逸身闲。"（《遵生八笺·尘外遐举笺》）当企业家有自己的雅好时，就能够从纷繁复杂的事务中抽离出来，给自己做深层次的充电，同时让自己从"无求功利"的状态中回归到"自然人"的本相中。这样才能够心安。安而后能定，定而后能清。

老子在《道德经》中早就点明："夫物芸芸，各复归其根。归根曰静，是谓复命。复命曰常，知常曰明。不知常，妄作，凶。"心清之后，人就会在芸芸总总中"归根"，从而产生"根静"。

除却有自己的雅好，涵养清气的另一个好习惯是有规律地吸入天地间四时之正气、日月星辰之精气。《楚辞·远游》有谓："餐六气而饮沆瀣兮，漱正阳而含朝霞。"《庄子》李注云："平旦为朝霞，日中为正阳，日入为飞泉，夜半为沆瀣，天玄、地黄为六气。"年轻企业家若能遵生重道，按照子午流注的规律和四时调神的建议，安排好自己的作息和饮食，做到不贪杯，不赖床，依四时之序起卧锻炼，长此以往，便可吐浊纳新，以健康的身体做物质基础，来保证精力的充沛、头脑的清醒、情绪的安定。

最后，笔者的建议是在困顿磨难中历练心量和意志。玻璃大王曹德旺小时候因为贫穷被村里人欺负，14 岁被迫辍学后，卖过水果，修过自行车，当过采购员，经常食不果腹，尝遍了人间疾苦。但他发达之后心无怨愤，慷慨捐款，成为中国首善。当年欺负他的人之后不断道歉，曹德旺并未生气。曹德旺说："我很感谢他，没有那一拳，我不会出去闯，我还是那个穷小子。"由此可见曹德旺的心胸。

《六祖坛经》里讲："心不住法，道即通流。心若住法，名为自缚。"如果一个人的心量太小，那不仅不能承载许多事情，还很容易生出抱怨嗔恨、计较攀比之心。皮囊之内根本就是一摊浑浊之水，事业之路势必无法长久。因此，成事之人往往都是心胸、格局开阔之人，才可以有容乃大。而扩大心量则往往是在逆境之时，遇不如意之事，产生痛苦之情，自己心性的边界才会逐渐清晰，再寻找到适宜的方法逐渐拓宽。

古人曰："夫可久于其道者，养生也；常可与久游者，纳气也。气全则生存，然后能养志，养志则合真，然后能久登，生气之域，可不勤之哉！"（《服气精义论》）由此可见，"气与志"是同质的，"志与真"是同频的，"真与久"是同构的。倘若清气涵养得法，年轻企业家身心安泰，就会自然生出坚韧不拔的精神和举重若轻的智慧，在重大人生环节中保持冷静，以宠辱不惊的状态驾驭事业之舰，从而完成时空和代际交接的一个个考验。

最后，请允许笔者以南怀瑾先生的话结束这篇文章吧：

"真正的人生，对于顶天立地的事业，都是在淡然无味的形态中完成的。这个淡然无味，往往是可以震撼千秋的事业，它的精神永远是亘古长存的。"（《老子他说续集》）

作　者

谢逸，美国哥伦比亚大学教育学院教育人类学硕士，北京大学国家发展研究院客座教授，首创"培养有中国根的世界人"及"非遗教育性传承"理念，中国少年儿童新闻出版总社"传统文化"特色通识课程核心专家成员。

徽州商人经商成功后为子孙人生道路的抉择

——立身行道　以显父母

张劲松

徽州商人又叫作"新安商人"，主要来自安徽南部的旧徽州府。明代的徽州包括歙、休宁、婺源、祁门、黟、绩溪等县，新安是旧徽州府的古称。15 世纪，徽州商人基于地利条件迅速发展，成为中国历史上影响最大的商人群体之一。《太函集》是徽州文人汪道昆的诗文集。汪道昆生于 1525 年，作为徽州人，在当时与许多徽州商人交好。《太函集》中收录了 200 多篇人物传记，其中将近三分之一为商人传记，为徽商研究提供了重要的参考资料。20 世纪中期，日本学者藤井宏发现了《太函集》对于徽商研究的价值，便以《太函集》为主要的参考资料，出版了一系列有关徽商研究的专著，产生了广泛的社会影响。在有关徽州商人的研究中，《太函集》的重要性在今天已经成为学

◆安徽歙县徽商宅院

术界的共识。

从《太函集》中的故事来看，徽州商人家族在为子孙抉择究竟是读书，做官，还是从商时，似乎并不困难。在徽州，作为家族抉择的一个选项，经商致富成为家族发展的重要一环。然而不可否认的是，徽州的家族在对下一代的人生道路进行安排时，并没有将经商作为首选，只是当子孙在读书做官无法轻易实现时，将经商作为备选或者是补充。

◆安徽歙县徽商大宅院

◆曹文修与阮良臣：迫不得已的经商选择

　　作为歙县有名的大商人，曹文修的声望不仅来自他的商业成就，也来自他的儿子曹楼。曹楼科举中第做官，带给曹文修的荣誉甚于曹文修的商业成就。曹文修八十八岁的时候，已经是进士的曹楼向朝廷申请回乡，准备陪伴父亲最后一段时间。中国自古以来就有授予高寿老人爵位的惯例。曹楼回乡时，朝廷不仅给予曹文修爵位，还赏赐了其他财物。朝廷以官方特有的礼仪，对曹文修礼遇有加。曹楼回乡后第二年，曹文修就过世了。在临终时，曹文修嘱托曹楼，曹家两代人兢兢业业，不敢有丝毫松懈，要曹楼勤勉努力，不辱没祖先。曹文修去世三年后，曹楼精心给父亲挑选了葬地。曹文修下葬之后，朝廷授予曹楼户部的官职，并按照朝廷当时的惯例，将儿子曹楼的官职荣誉也授予曹文修。曹楼接下来的几任官职荣誉，朝廷也都将它们追赠给了曹文修。在四川任职的那一年，曹楼回乡扫墓，邀请当时朝廷的大学士为曹文修撰写墓志铭。那一年正值曹文修的百岁诞辰。

以曹文修八十九岁去世后朝廷追赠的荣誉来看，他可谓一生五福俱临：享有健康、长寿、地位、财富，以及安详过世。曹文修出自一个典型的传统读书人家庭，他的父亲、祖父都经过层层选拔，通过了在京城由礼部主持的会试，取得了贡士的称号。最后一步就是参加殿试，状元等前三名会在殿试中选出。即便没有成为前三名，他们也有很大的可能进入翰林院，将来成为朝廷管理国家的中坚力量。可惜的是，他的父亲在取得贡士的身份后英年早逝，几乎是停在了走上仕途的最后一步。理想情况下，曹文修可以继承父亲未竟的事业，弥补祖父辈没有从贡士再进一步成为进士的遗憾，但是曹家突然家道中落。面对家中窘迫的经济状况，曹文修面临痛苦的抉择，是选择继续读书、考取功名，还是选择从商以赡养家中老母？他的母亲看到曹家父辈两世读书，仍然没有避免家道中落的下场，便嘱咐曹文修不要再走读书做官这条路。他似乎有得选，但其实并没得选。

曹文修从一个小商人起步，仅仅用了十年时间，就成为当地知名的大商人，他的商业才华充分体现了出来。在回顾一生时，不知他是否遗憾没有继承自祖父辈以来的读书做官传统。曹文修投身于商业时，他的父亲和祖父读过的书也都还在家中。虽然以商业谋生，但曹文修并不希望读书这一家族传统在他这一辈断绝。即使工作繁忙，每日他也会花一些时间来阅读。

曹文修当然希望他的儿子曹楼能够继承家族读书的传统，而非投身商业。曹楼在家中私塾读书时，曹文修每天过去监督数十次。在父亲的悉心教导下，曹楼很快就参加了会试，取得了贡士的身份。在四年后的殿试中，曹楼实现了家中四代人的愿望，成为进士。曹楼后来官至江西布政使司右参政，也就是江西省的最高长官。从继承先辈读书做官、光大门楣这一传统来说，曹文修的儿子曹楼绝没有让曹文修失望。

歙县的另一位大商人——阮良臣也是为家中经济所迫，从而走上从商这条道路的。他的父亲操持家中产业非常失败，以致付不起他的学费，最终阮良臣不得不回家操持家业。不同的是，阮良臣在非常年轻的时候就已经显现出了读书的才华。

◆安徽歙县呈坎古村徽派古建筑景观

官至户部尚书的鲍道明是阮良臣读书时的同学，对于阮良臣读书的天赋，他也觉得自愧不如。由此看来，阮良臣决定放弃读书这条道路，想必内心也经过了一番挣扎。

◆程惟清：社会巨变中的权衡之举

对于曹文修和阮良臣来说，商人身份是一种迫不得已的选择。还有一些徽州商人完全具有读书求官的经济条件，但却没有选择仕进这条路，而是选择从商。

　　程惟清就是其中之一。程氏家族从程惟清的曾祖父辈开始，一脉单传。程惟清的父亲早年也在读书，准备走科举这条道路。但是程惟清的祖父最终认为，靠读书取得成就遥不可及，不如靠经商来成家立业。

　　读书这条道路是否难以取得成就，看一看曹文修家族就可以知道。曹文修的儿子曹楼能够考中进士，是家中四代人努力的结果。家中两代人不懈努力，成为贡士，但没能成为进士，也就很难具备授官的资格。成为进士和进入翰林院，具备授官的资格，享有朝廷的俸禄，才能够算得上在读书这条路上取得了进展。除此以外，从七岁入县学开始读书，到参加当地每年一次的考试以及中央政府每三年一次的考试，都需要经济支持。从老家到京城参加完中央政府的考试，如果通过，还要等待半年之久，再参加皇帝主持的考试。羁旅费用也是一笔不菲的开销，并不是一般家庭能够轻易负担的。这也就是曹家的第三代人——曹文修不得不放弃读书仕进，而选择从商的原因。在具备了一定的经济基础后，曹文修才可以负担得起他的儿子曹楼——曹家第四代人的求学开支。所以求学仕进这条道路，时间和金钱的投入都不小，并且达成目标的风险巨大，预期回报有限。在这样的情况下，选择从商就非常理性。

　　程惟清的祖父为程惟清的父亲选择了人生道路。程惟清一共有兄弟四人，程惟清排行老三。程惟清一开始也在读书，大哥和二哥随父亲从商。但是后来，程惟清的父亲决定让程惟清也走从商这条道路。只不过这一次，程惟清的父亲除了认为读书求官这条道路太过漫长以外，还认为程惟清相当具有商业才华。程惟清大哥和二哥的商业才华都很难和他相比。事实上，程惟清也确实没有让父亲失望。程惟清开始从商后，家族事务中的商业决策都以他的意见为主。大概用了十年时间，程惟清就成了当地的商业领袖。

◆潘氏与范氏：家族发展壮大的战略抉择

徽州的潘氏家族在商业上取得成功后，迫切地希望家族能够出一个做官的读书人。潘家的长子——潘汀州年纪轻轻就表现出了读书的志向和才华。潘汀州的父亲考虑，既然长子要走读书仕进这条道路，其他的儿子也都还小，不如就让次子——潘次君来继承家族的经商事业。在父亲犹豫不决时，潘次君自己做了决定。潘次君十四岁开始投身商业，很快就成为商业领袖，不断扩大商业版图，使整个家族富裕起来。这也使得他的哥哥——家中长子潘汀州可以安心读书。可惜的是，潘次君三十六岁便英年早逝。在没有人能够主持家族商业运转的情况下，潘汀州中断了自己的读书科考之路，回归商业。

等到潘汀州的儿子能够参与商业活动时，潘汀州又再次走上了自己的科考之路。潘汀州的科考之路并不顺利：在县学二十五年，六次科考落榜；在太学十二年，四次考试落榜；最终成为举人，有资格参加中央政府举办的三年一次的会试。潘汀州考了三次，花了将近十年的时间却没有中榜。按照当时朝廷的惯例，如果会试三次没有上榜，可以申请去某县当县令。潘汀州最后一次参加会试的时候带病进入考场，几乎无法坚持考下去。他最终决定放弃成为进士，而去某县做了县令。他在县上治理出色，又有升迁，然而最终也没有在仕途上取得太大的进展。

潘汀州已然如此，就心心念念地希望子孙能够在仕途上光宗耀祖。他的儿子继承了家族事业，孙子们则努力读书希望能够取得功名。潘汀州的侄子潘图南本来一开始也随家族做生意，但潘图南一直不喜欢经商，认为经商追求利润只是为了养家糊口。他立志要通晓诸子百家，了解圣人千年以来的道统。于是他干脆打道回府，弃商从儒。潘汀州非常高兴，说："家乡有十分之七的人都出去经商，只有十分之三的人以读书为业。学习态度不够端正的人习儒，就会耐不下性子急急忙忙去经商了；即使一开始能学得进去，也不能登堂入室。如果是因为不喜欢经商而做学问，就一定不会再因为热衷于经商而放弃做学问。有这样的子孙俊良，真是潘家的一大幸事。"然而不幸的是，潘图南在入太学后不久就卧病不起，二十八岁便英年早逝。潘汀州伤心不已，认为是上天不愿意光大潘氏宗门，无可奈何。

潘汀州将子孙能够考上功名看成是光大宗族的必要条件。他的这种想法，当然与当时的社会经济环境有关。家族的产业只是解决了家族的生存问题，但是如果家中有人能够在朝廷做官，结合权力和名望，家族就可能有更大的发展。因此，潘氏家族的这种情况在《太函集》中并不是个例。

徽州的另一个商人家族——范氏家族有二子。一个儿子经商，另一个就走仕进这条路。选择从商或者从儒，对整个家族带来的影响是不同的。如果从商，会为整个家族的进一步发展提供经济基础。如果读书仕进，一旦通过皇帝主持的考试成为进士，就可以成为"官户"，整个家族（包括分房出去的兄弟）所拥有的田地多至上千亩都可以不再纳税；而一般的生员只可免除百余亩。并且作为官户可以不必参加中央政府的无偿劳动。从社会荣誉上来看，一旦科考成功，中央政府为奖励家族能培养出人才而给予的荣誉也弥足珍贵。对于古代中国的父母来说，有这样的子孙就是光宗耀祖，是"立身行道，扬名于后世，以显父母，孝之终也"（《孝经》）。

曹文修和阮良臣是不得已走上经商这条道路；程惟清从商是权衡后的抉择；潘氏家族和范氏家族则是依据当时的社会经

济特点,为家族追求更大的发展,以实现家族目标。若将这几个家族放在一起来看,就会发现家族的发展有一个基本的脉络:家族首先要解决的是生存问题,在这个时候,为了维持生计,经商是唯一的选择;当家族解决了温饱问题,需要进一步发展时,需要物质基础,这个时候,经商的目的就是为进一步的发展创造经济条件;当家族已经获得积累的财富后,家族会选择读书这个途径来获取权力和进一步的影响力。生存、富裕、权力和影响力成为家族在不同发展阶段追求的主题。

◆家族目标与组织分工

家族目标的实现不是家族某个成员的责任,而是需要依赖家族成员的共同努力。如果家族成员能够有效分工和协作,就可以加速家族的发展。无论选择经商致富,还是选择读书做官,都是一生的选择。如果家族中的人能够分工协作,实现家族目标的效率就会大大提高,需要几代人来做的事情,可以在一代人内部通过分工来完成。因此在家族中,家族成员的相互配合就成了必不可少的一环。在整个家族里,理想的情况是:有人经商致富,有人读书做官。这种分工和协作可以出自兄弟同辈,也可出自不同代人,比如父子。

如此来看,徽州商人的家族关系并不是简单的血缘关系,而是在血缘关系之外，进一步附加了分工和协作的关系。家族是一个亲属组织，同时也是一个商业组织。家族代替个人成为商业活动的基本组成单位。

作 者

张劲松，香港大学现代语言及文化学院博士研究生，曾在欧洲顶尖咨询公司担任顾问，深度参与多个央企及行业标杆企业的组织变革项目，亦作为出版人活跃在出版界。

图书在版编目（CIP）数据

义言道商：中国商人与家族管理 / 隋广义主编 . — 青岛：青岛出版社，2023.8
ISBN 978-7-5736-1347-9

Ⅰ.①义…　Ⅱ.①隋…　Ⅲ.①家族—私营企业—企业管理—研究—中国
Ⅳ.① F279.245

中国版本图书馆 CIP 数据核字（2023）第 141949 号

YIYAN DAOSHANG ZHONGGUO SHANGREN YU JIAZU GUANLI

书　　名	**义言道商：中国商人与家族管理**
主　　编	隋广义
出版发行	青岛出版社（青岛市崂山区海尔路 182 号）
本社网址	http://www.qdpub.com
责任编辑	梁　娜　刘　怿
装帧设计	李帅帅
封面设计	李开洋
照　　排	青岛新华出版照排有限公司
印　　刷	青岛名扬数码印刷有限责任公司
出版日期	2023 年 8 月第 1 版　2023 年 8 月第 1 次印刷
开　　本	32 开（890mm×1240mm）
印　　张	7.25
字　　数	150 千
书　　号	ISBN 978-7-5736-1347-9
定　　价	68.00 元

编校印装质量、盗版监督服务电话：4006532017　0532-68068050